Kurt Zoege von Manteuffel
Die Künstlerfamilie van de Velde

SEVERUS Verlag

ISBN: 978-3-95801-597-5
Druck: SEVERUS Verlag, 2016
Neuauflage der Originalausgabe von 1927

Der SEVERUS Verlag ist ein Imprint der Diplomica Verlag GmbH.
Bibliografische Information der Deutschen Nationalbibliothek:
Die Deutsche Nationalbibliothek verzeichnet diese Publikation in der Deutschen National-
bibliografie; detaillierte bibliografische Daten sind im Internet über http://dnb.d-nb.de
abrufbar.

© SEVERUS Verlag, 2016
http://www.severus-verlag.de
Printed in Germany
Alle Rechte vorbehalten.
Der SEVERUS Verlag übernimmt keine juristische Verantwortung oder irgendeine Haftung
für evtl. fehlerhafte Angaben und deren Folgen.

Kurt Zoege von Manteuffel

Die Künstlerfamilie van de Velde
Mit 16 farbigen Abbildungen

Inhalt

Abbildungsverzeichnis 3

Allgemeine Einleitung 7

Esaias van de Velde 16

Jan van de Velde, der Kupferstecher 36

Die Stilllebenmaler Jan Jansz van de Velde der Jüngere und Anthony van de Velde 53

Willem van de Velde der Ältere, der Schiffszeichner 58

Willem van de Velde der Jüngere, der Seemaler 68

Adriaen van de Velde 93

Schluss 130

Abbildungsverzeichnis

Abb. 1. Esaias v. d. V. Holländische Stadtansicht..................6
Abb. 2. Jan v. d. V. d. Ä. Bildnis seines Vaters, des
Schulmeisters Jan van de Velde..................11
Abb. 3. Esaias v. d. V. Winterlandschaft...................13
Abb. 4. Esaias v. d. V. Stadtgraben mit
Schlittschuhläufern....................15
Abb. 5. Esaias v. d. V. Prinz Moritz und Prinz
Friedrich-Heinrich von Oranien mit ihren Gästen..................17
Abb. 6. Esaias v. d. V. Das Gastmahl im Freien....................18
Abb. 7. Esaias v. d. V. Gesellschaft auf der Terrasse..................19
Abb. 8. Esaias v. d. V. Reiter am Flussufer..................21
Abb. 9. Esaias v. d. V. Landschaft mit Fähre.................. 23
Abb. 10. Esaias v. d. V. Dünenlandschaft..................24
Abb. 11. Esaias v. d. V. Verfallener Turm und Naturbrücke........25
Abb. 12. Esaias v. d. V. Kanal mit Schlittschuhläufern..................25
Abb. 13. Esaias v. d. V. Norwegische Landschaft..................27
Abb. 14. Esaias v. d. V. Dünenlandschaft mit Herde..................29
Abb. 15. Esaias v. d. V. Landschaft mit Galgen..................30
Abb. 16. Esaias v. d. V. Gesellschaft im Freien 33
Abb. 17. Jan v. d. V. d. Ä. Allegorie der „Erde"..................34
Abb. 18. Jan v. d. V. d. Ä. Allegorie des „Feuers"..................35
Abb. 19. Jan v. d. V. d. Ä. Der Fastnachtsabend..................37
Abb. 20. Jan v. d. V. d. Ä. Bildnis Jakob Zaffius..................39
Abb. 21. Jan v. d. V. d. Ä. Landschaft mit Schloss
und Bauernhaus..................43
Abb. 22. Jan v. d. V. d. Ä. Landschaft mit
Schlittschuhläufern..................44
Abb. 23. Jan v. d. V. d. Ä. Die Ruinenlandschaft mit
dem trockenen Baum..................45
Abb. 24. Jan v. d. V. d. Ä. Die Flachlandschaft mit dem
Ziehbrunnen..................46
Abb. 25. Jan v. d. V. d. Ä. März..................47

Abb. 26. Jan v. d. V. d. Ä. Winterlandschaft 49
Abb. 27. Jan v. d. V. d. Ä. Wasserschloss 51
Abb. 28. Jan Jansz v. d. V. d. J. Raucherstillleben 55
Abb. 29. Jan Jansz v. d. V. d. J. Stillleben 56
Abb. 30. Anthony v. d. V. Küchenstillleben 57
Abb. 31. Willem v. d. V. d. Ä. Seeschlacht 60
Abb. 32. Willem v. d. V. d. Ä. Dreimaster 61
Abb. 33. Willem v. d. V. d. Ä. Schiff 61
Abb. 34. Willem v. d. V. d. Ä. Seeschlacht vor Dünkirchen 62
Abb. 35. Willem v. d. V. d. Ä. Die Schlacht im Sund 63
Abb. 36. Willem v. d. V. d. Ä. Die Zuidersee 65
Abb. 37. Willem v. d. V. d. Ä. Die Flotte des Admirals 67
Abb. 38. Willem v. d. V. d. J. Feuernder Dreimaster 69
Abb. 39. Willem v. d. V. d. J. Starke Brise 71
Abb. 40. Willem v. d. V. d. J. Schiffe auf ruhiger See 73
Abb. 41. Willem v. d. V. d. J. Kriegsschiff und Boote 74
Abb. 42. Willem v. d. V. d. J. Ruhige See 75
Abb. 43. Willem v. d. V. d. J. Stille See 76
Abb. 44. Willem v. d. V. d. J. Ruhige Küste 77
Abb. 45. Willem v. d. V. d. J. Strandbild 78
Abb. 46. Willem v. d. V. d. J. Reise Karls II 79
Abb. 47. Willem v. d. V. d. J. Die Eroberung des Royal Prince ... 80
Abb. 48. Willem v. d. V. d. J. Der Hafen von Amsterdam 81
Abb. 49. Willem v. d. V. d. J. Seestück 83
Abb. 50. Willem v. d. V. d. J. Leichte Brise 84
Abb. 51. Willem v. d. V. d. J. Bewegte See 85
Abb. 52. Willem v. d. V. d. J. Der Sturm 87
Abb. 53. Willem v. d. V. d. J. Der Salutschuss 88
Abb. 54. Willem v. d. V. d. J. Kriegsschiffe vor Anker 91
Abb. 55. Adriaen v. d. V. Stehender junger Mann 95
Abb. 56. Adriaen v. d. V. Die Fähre 96
Abb. 57. Adriaen v. d. V. Wiese mit Kegelspielern 97
Abb. 58. Adriaen v. d. V. Trinkendes Mädchen 99
Abb. 59. Adriaen v. d. V. Lichtung im Wald 101
Abb. 60. Adriaen v. d. V. Die Melkerin und der Bursche 102
Abb. 61. Adriaen v. d. V. Flache Flusslandschaft 103
Abb. 62. Adriaen v. d. V. Liegender Stier 105
Abb. 63. Adriaen v. d. V. Die Kuh 105

Abb. 64. Adriaen v. d. V. Hirten mit Kuh 106
Abb. 65. Adriaen v. d. V. Kühe auf der Weide..........................107
Abb. 66. Adriaen v. d. V. Sommerliche Landschaft..................107
Abb. 67. Adriaen v. d. V. Hirschjagd...109
Abb. 68. Adriaen v. d. V. Die Hütte 111
Abb. 69. Adriaen v. d. V. Die Farm 113
Abb. 70. Adriaen v. d. V. Italienische Landschaft 114
Abb. 71. Adriaen v. d. V. Am Seestrand...................................115
Abb. 72. Adriaen v. d. V. Herde im Walde...............................116
Abb. 73. Adriaen v. d. V. Die Fähre..117
Abb. 74. Adriaen v. d. V. Eisbelustigung auf dem Stadtgraben..118
Abb. 75. Adriaen v. d. V. Strandbild 119
Abb. 76. Adriaen v. d. V. Meeresstrand bei Sandvoort 120
Abb. 77. Adriaen v. d. V. Winterlandschaft..............................121
Abb. 78. Adriaen v. d. V. Die Fähre..123
Abb. 79. Adriaen v. d. V. Bürgerfamilie auf dem Lande 125
Abb. 80. Adriaen v. d. V. Merkur und Argus............................126
Abb. 81. Adriaen v. d. V. Ruinen 127
Abb. 82. Adriaen v. d. V. Hirte mit Herde 128
Abb. 83. Adriaen v. d. V. Hirtenszene 129
Abb. 84. Adriaen v. d. V. Das Stadttor......................................131

Abb. 1. Esaias van de Velde. Holländische Stadtansicht. 1618. Berlin, Kaiser-Friedrich-Museum.

Allgemeine Einleitung

Abstammung der Künstlerfamilie van de Velde

Der weltgeschichtliche Augenblick, in dem sich aus den nordniederländischen Provinzen ein selbständiges Staatswesen bildet, ist für dieses Land in mehr als einer Hinsicht eine Zeitenwende. Weit über die Tatsache hinaus, dass die Bewohner eines kleinen Gebietes sich in hartem Kampfe eigene Gesetze und eine eigene Staatsverfassung geben, wird Zukünftiges geboren. Neue Lebensformen, eigenartige Ausprägung religiöser Anschauungen, moderne gesellschaftliche Schichtungen werden für lange vorbereitet. Ebenso stark und nachhaltig wirkt, was mit dem Beginn des siebzehnten Jahrhunderts die Maler in Angriff nehmen und durch zwei Generationen zur Reife bringen. Es wird die moderne Kunst geboren, nicht als Tat eines einzelnen, nicht mit einem Schlage, sondern aus der Gesinnung und dem Formwillen eines ganzen Volkes heraus und in der Zusammenarbeit unzähliger Künstler verschiedenen Alters, die neue Aufgaben und Fragestellungen von Hand zu Hand reichen, immer mehr entwickeln und immer folgerichtiger zu lösen suchen. Die holländische Malerei des siebzehnten Jahrhunderts ist mehr als die irgend eines anderen Landes und einer anderen Zeit durch die Breite der Produktion bestimmt; sie kommt erst voll zur Wirkung, wenn die Fülle der Einzelpersönlichkeiten sich zum Chor vereinigt und im Zusammenklang zum Betrachter dringt.

Unter anderen ist ein Vorgang für diese Zeit bezeichnend und wegweisend: Die Ausbildung der Fachmalerei. Die Malerei des Mittelalters und der Renaissance kannte keine Sondergebiete. Sie war Figurenmalerei in einer Ausschließlichkeit, wie wir sie uns heute kaum mehr vorstellen können; ob es sich um kirchliche oder profane Darstellungen handelt, immer steht die menschliche Gestalt so stark im Mittelpunkte der Aufgabe, dass alles andere an Belebtem und Unbelebtem, wenn es überhaupt eine Rolle spielt, nur als ihre Umwelt wirkt. Und ein Zweites ist in diesem Zusammenhang fast ebenso wichtig: Jede Darstellung hat in diesen frühen Zeiten über das Erlebnis des Sichtbaren hinaus eine außersinnliche allegorische oder historische Bedeutung. Die Berechtigung des Kunstwerks wird außerhalb des Artistischen gesucht; jedes Geschaffene hat einen Gebrauchswert in höherem Sinn, dient einer allgemeinen Idee, der Religion oder der Kirche, dem Ruhm herrschender Geschlechter, der Erkenntnis göttlicher oder menschlicher Ordnungen.

Das Ende dieser mittelalterlichen Kunst kündigt sich früh an. Vorboten einer neuen Anschauungsweise lassen sich bereits seit dem fünfzehnten Jahrhundert feststellen, sie nehmen im Laufe des folgenden zu, und mit dem Beginn des siebzehnten Jahrhunderts versinkt, wenigstens in den nördlichen Niederlanden, die alte endgültig. Die Aufgaben kirchlicher Art verschwinden; an ihre Stelle tritt die religiöse Darstellung als persönliches Bekenntnis, wie sie in Rembrandts Werk ihre höchste Ausbildung erfährt. Das Geschichtsbild weltlicher Art, politischen oder dynastischen Bestrebungen entsprungen, fügt sich nicht mehr in das Leben des von einem Bürger- und Kaufmannsstande getragenen Freistaates ein; es wird ersetzt durch das Gruppenbildnis und das repräsentative Einzelbildnis. Allegorien, wie etwa die Darstellung der Jahreszeiten, der fünf Sinne, moralischer Sprichwörter, verlieren ihre Bedeutung; die ihnen dienenden Bildformen verselbständigen sich zu neuen Bildgattungen.

Zugleich dringt die ganze Welt der Erscheinungen in das Kunstwerk herein. Bald gibt es nichts mehr, das nicht der Darstellung würdig erschiene. Die Landschaft mit Bergen und Bäumen, Wasser und Wiesen, der Himmel mit den sich auftürmenden oder sich lösenden Wolken, die See in der Bewegung einander jagender Wellen oder in der Stille, die Schiffe und Boote sich spiegeln lässt, das Wohnhaus mit allem Hausrat des Menschen, die Weide mit dem fressenden oder ruhenden Vieh, Blumen in kostbaren oder schlichten Gefäßen, Obst und Gemüse, wie es auf dem Küchentisch, der Frühstückstafel aufgehäuft ist: jedes Kleinste oder Größte der Welt lockt zu seiner Wiedergabe und Neugestaltung. Die Bedeutung des Menschen im Weltbild wird herabgedrückt; er ist nicht mehr der Mittelpunkt, sondern nur ein Darstellungsgegenstand unter anderen.

Die Folgen dieser Einstellung auf Zweckfreiheit einerseits, auf Erweiterung des Darstellbaren andererseits machen sich in der holländischen Malerei in jeder Richtung bemerkbar. Statt Wandgemälde und Altarbilder zu schaffen, malen die Künstler Staffeleibilder, die leicht beweglich zum »Wandschmuck« werden. Die Ausmaße schrumpfen zu den dem Bürgerhause mit seinen beschränkten Räumen angemessenen zusammen. Indem die Darstellungsgegenstände der Bindung durch kirchliche und weltliche Dogmen entgleiten, erhält der Künstler eine bis dahin unerhörte Freiheit, selbst dann noch, wenn er historisch überlieferte Stoffe wählt. Vollends von jeder Bindung frei wird er, wenn er Bilder ohne überlieferten Inhalt, die Welt um ihrer selbst willen malt. Damit aber gewinnt die persönliche Leistung des Künstlers eine neue Bedeutung. Er muss dazu gelangen, nun seinerseits dem geschilderten Naturausschnitt einen Sinn zu geben: was man die Stimmung eines Kunstwerks zu nennen pflegt, tritt in den Vordergrund. Die subtilen Wirkungen, die in dieser Richtung erreicht werden sollen, zwingen zu einer subtileren, wandlungsfähigeren Malweise, zu feinsten Beobachtungen von Licht und Schatten, Farbe und Struktur der Dinge, zu immer erneutem Betrachten der Natur. So wird es unvermeidlich, dass die Universalität des einzelnen Künstlers verschwindet und die erwähnte Fachmalerei sich ausbildet, in einem Maße sich ausbildet, dass mancher Maler sich nicht nur etwa das Sittenbild, die Landschaft, das Stillleben, das Innenbild wählt, sondern noch innerhalb dieser Gattungen auf ein Spezialfach beschränkt.

Das Malen wird im Holland des siebzehnten Jahrhunderts eine freie Betätigung, die häufig ohne Rücksicht darauf geübt wird, ob ein Besteller vorhanden ist oder Aussicht auf einen Käufer besteht. Es wachsen Zudrang zu diesem Beruf, Menge der Bilder ins Unermessliche. Ganz Europa wird von dem kleinen Lande mit Kabinettbildern versorgt und ist kaum imstande, die Produktion aufzunehmen. Mancher weniger erfolgreiche Maler weiß kaum, wie er bei diesem Wettstreit bestehen soll, und muss seinen Erwerb in einem anderen Beruf suchen. Doch hat keiner darum Pinsel und Palette weggeworfen. Man findet ganze Familien, die Bilder malen, in denen vom Großvater auf Söhne und Enkel sich Begabung und Neigung vererben.

Einer solchen Malerfamilie gehören die Künstler an, denen dieses Buch gewidmet ist. Die Entwicklung der Zeit spiegelt sich auch in ihrem Schaffen. Die älteren gehören noch in die Übergangszeit und zu jenem Geschlecht, das, vor der Jahrhundertwende geboren, die Brücke von der alten Zeit zur neuen bildet, die jüngeren schaffen im Augenblick reifsten Blühens holländischer Kunst, die jüngsten stehen schon im achtzehnten Jahrhundert als Epigonen jener großen Zeit. Alle gehören sie zu den sogenannten Kleinmeistern, was besagen will, dass sie in Bildern von geringen Abmessungen nach feinen Wirkungen streben. Landschaften mit verschiedenartiger Belebung durch Menschen und Tiere, sittenbildliche Darstellungen, Seebilder und Stillleben sind die Gegenstände, die sie wählen, also grade einige der wichtigsten Gattungen, die die holländische Kunst des siebzehnten Jahrhunderts zur Ausbildung bringt. Sehr entschieden wendet sich ein jeder von ihnen, oft gegen das durch Vater oder älteren Bruder Überlieferte, einem bestimmten, ihm besonders gemäßen Darstellungskreis zu. Neben der Malerei pflegen mehrere dieser van de Veldes auch die Radierung, das Vervielfältigungsverfahren, das im Holland des siebzehnten Jahrhunderts seine schönste und reichste Ausbildung erfährt. Auch hier sind die beiden großen Entwicklungsstufen bei ihnen zu finden: Die ältere, die noch durch die Erinnerung an den mit dem Grabstichel hergestellten Stich bestimmt ist und um die Befreiung zu einem eigentümlichen Radierstil ringt, und die jüngere, die zu dieser Befreiung gelangt ist und die Radierung, den mittels der Ätzung der Platte hergestellten Kupferdruck, in voller Ausnützung der bei diesem Verfahren möglichen Wirkungen handhabt.

Der Name van de Velde ist in den Niederlanden so häufig, dass oft in einer Stadt gleichzeitig zahlreiche Personen ihn getragen und sogar mehrere von ihnen den gleichen Vornamen geführt haben. Das hat die Erforschung der Familienverhältnisse der Malerfamilie van de Velde sehr erschwert. Für dieses Buch scheiden von vornherein diejenigen Träger des Namens aus, die außerhalb der nördlichen Niederlande beheimatet sind. Es bleiben zehn Künstler übrig, die über drei Generationen verteilt, miteinander irgendwie verwandt gewesen sein

Abb. 2. Jan van de Velde d. Ä. Bildnis seines Vaters, des Schulmeisters Jan van de Velde. Kupferstich. 1621.

mögen. Aber auch bei ihnen ist das Verwandtschaftsverhältnis nicht immer einwandfrei nachzuweisen. Mit einiger Wahrscheinlichkeit ergibt sich folgendes Bild.

Spätestens um 1590 wandert ein junger, 1568 in Antwerpen geborener Schullehrer, mit Namen Jan van de Velde, wie so viele seiner Landsleute, nach den nördlichen Niederlanden aus. Er hat zuerst in Delft gewohnt; 1592 verheiratet er sich in Rotterdam; 1598 wohnt er dort als Lehrer der französischen Sprache. Spätestens 1620 ist er weiter nach Haarlem gezogen, wohin sein gleichnamiger Sohn schon früh übergesiedelt war. Seine Lehrtätigkeit scheint er an dem neuen Wohnort weiter ausgeübt zu haben. Dort ist er auch gestorben und am 10. September 1623 in der Kirche des heiligen Bavo bestattet worden (Abb. 2).

Jan war nicht nur Sprachlehrer, sondern vor allem Schreibkünstler, der auf die Ausbildung seiner Hand Wert legte und auf die Schönheit der von ihm ausgeführten Schriften stolz war. Ein Buch, in das er seine Bemühungen um die Zierschrift niederlegte, erschien 1604 in Haarlem unter dem lateinischen Titel »Deliciae variarum insigniumque scripturarum, authore Iohanne Veldio scriptore celeberrimo«, was man mit »Die Schönheiten der verschiedensten und hervorragendsten Schriftarten von Johannes van de Velde, dem hochberühmten Schreiber« übersetzen mag. Es fand in dieser Zeit, die die schöne Schrift noch als Kunst behandelte, soviel Anklang, dass bald weitere Ausgaben mit holländischem und 1606 auch eine mit deutschem Titel erscheinen konnten. Ein zweites kalligraphisches Werk gab Jan unter dem Titel »Duytsche Exemplaren van Alderhande Gheschriften, Seer neet ende bequaem voor de duytsche Schoolmeesters ende alle beminders der Pennen« in Haarlem 1620 heraus, wobei ihm Gerardus Gauw als Stecher, D. van Horenbeeck als Drucker dienten.

Künstlerische Bestrebungen tauchen gleichzeitig in einem um 1557 ebenfalls in Antwerpen geborenen Anthony van de Velde auf, der in den Urkunden Maler genannt wird, 1590 in Amsterdam heiratet, 1591 dort Bürgerrecht erwirbt und noch 1613 am Leben ist. Es ist wahrscheinlich, dass er ein Verwandter, vielleicht sogar ein Bruder des Schreibmeisters in Rotterdam war. Leider kennen wir keine Bilder von ihm, so dass Art und Bedeutung seines Schaffens nicht nachzuprüfen sind.

Abb. 3. *Esaias van de Velde. Winterlandschaft. 1615. Leipzig, Museum der bildenden Künste.*

Erst in der folgenden Generation können wir Künstler von Rang nachweisen, ihre Lebensschicksale verfolgen und ihre Bedeutung mit Kunstwerken belegen. Esaias van de Velde malt im zweiten und dritten Jahrzehnt des siebzehnten Jahrhunderts Landschaften und Gesellschaftsstücke und verbreitet manche seiner Kompositionen in Radierungen. Jan beschränkt sich fast ganz auf das Kupferstechen und Radieren und schafft ein reiches Werk, das sich vielfach mit dem Esaias im Gegenständlichen wie in der künstlerischen Gestaltung berührt. Willem wird sein berühmter Seemaler, der die Aufmerksamkeit des Königs von England auf sich lenkt, an dessen Hof gezogen wird und in London hochbetagt im Jahre 1693 stirbt. Eine oft erörterte Frage ist, ob diese drei Künstler wirklich nah miteinander verwandt, vielleicht sogar Brüder waren und etwa Söhne des alten Schreibmeisters Jan van de Velde. So verlockend es ist, die Frage zu bejahen, so unsicher ist diese Hypothese; die urkundlichen Nachrichten sind lückenhaft, die Angaben der alten Biographen so schwankend, dass sie kein rechtes Vertrauen erwecken. Man hat vermutet, dass Esaias ein Sohn des alten Schreibmeisters gewesen sei; manches spricht aber dafür, dass Anthony van de Velde in Amsterdam sein Vater war. Sicher ein Sohn des Schreibmeisters war Jan, der Kupferstecher. Dass Willem ebenfalls sein Sohn gewesen wäre, wie meist angegeben wird, erscheint unwahrscheinlich. Sein Vater muss ein übrigens ebenfalls aus Flandern eingewanderter Schiffer gleichen Namens gewesen sein, der 1593 in Leiden heiratete und 1622 noch dort erwähnt wird.

Einfacher wird die Feststellung der Abstammung in der folgenden zweiten Künstlergeneration. Esaias hat einen Sohn gleichen Namens, der gelegentlich auch Maler genannt wird, aber sicher kein nennenswerter Künstler war. Sein dritter Sohn, der 1617 geborene Anthony, wird Stillebenmaler. Jan hat einen Sohn Jan, der dasselbe Fach erwählt wie Anthony. Zu der höchsten Bedeutung gelangen von allen van de Veldes die beiden Söhne Willems, der gleichnamige Seemaler (geb. 1633, gest. 1707) und der Landschafts- und Tiermaler Adriaen (geb. 1636, gest. 1672). In der dritten Generation vererbt das Talent: die beiden Söhne des jüngeren Willem, Willem und Cornelis, befassen sich damit, die Gemälde ihres Vaters zu kopieren. Die Künstler, die hier zu betrachten sein werden, sind die beiden Landschafter Esaias der Ältere und Jan der Ältere, die Stillebenmaler Jan der Jüngere und Anthony, der Marinemaler Willem der Ältere und seine Söhne Willem der Jüngere und Adriaen.

Abb. 4. Esaias van de Velde. Stadtgraben mit Schlittschuhläufern. 1618. München, Ältere Pinakothek. Aufnahme F. Hanfstaengl, München.

Esaias van de Velde

Esaias van de Velde kann nicht später als 1593 geboren sein, da er bereits im April 1611 heiratet; vermutlich ist er noch etwas älter, da er schon 1612 zum Meister gesprochen wird, was in der Regel das Mündigkeitsalter von einundzwanzig Jahren zur Voraussetzung hatte. Die Wahrscheinlichkeit spricht also für das Geburtsjahr 1591. Als Geburtsort ist Amsterdam urkundlich überliefert. Früh, wie es damals üblich war, kommt er zu einem Maler in die Lehre, wohl gleich nach Haarlem, wo er 1610 zum ersten Mal erwähnt wird. Er verheiratet sich am 10. April 1611 mit Catelyn Maertens, die, wie er selbst, einer südniederländischen Emigrantenfamilie entstammt; es wird angegeben, sie wohne zwar in der Smeestraat, sei aber aus Gent gebürtig. Kinder werden geboren und getauft: 1614 ein Sohn Johannes, bei dem der Radierer Jan van de Velde Pate steht, 1615 der jüngere Esaias, 1617 Anthony, der später Stillebenmaler wird. Während die Kinder heranwachsen, führt der Vater das Leben eines Malers, arbeitet den Tag über und trifft sich am Feierabend mit den Zunftgenossen. Er gehört der Rhetorikerkammer »De Wyngaardranken« an und mag bei ihren Versammlungen gezeigt haben, dass er nicht nur mit dem Pinsel, sondern auch mit Worten in wohlgesetzter Rede sich auszudrücken verstand.

Haarlem, in dem Esaias seinen ersten Erfolg als Maler erringt, ist eine alte Kunststadt, die bereits im sechzehnten Jahrhundert bedeutende Maler hervorgebracht hat. In dem zweiten Jahrzehnt des siebzehnten Jahrhunderts nimmt sie neuen Aufschwung und wird in Holland führend. Frans Hals malt seine großen Schützenbilder, die am Anfang der modernen Kunstbewegung stehen, und um ihn versammelt sich eine Schar junger, zielbewusster Genossen, die neue Wege einschlagen. Es ist eine Zeit des mutigen Wagens und entschlossenen Aufbrechens. Esaias steht seinen Mann und setzt sich für die neue Kunst ein. Er gehört zu den Bahnbrechern der holländischen Land-

Abb. 5. Esaias van de Velde. Prinz Moritz und Prinz Friedrich-Heinrich von Oranien mit ihren Gästen auf dem Jahrmarkt in Rijswijk. 1625. Amsterdam, Sammlung Six. Aufnahme Braun & Co., Dornach i. E.

schaftsmalerei, selbst wenn er vielfach fremde Anregungen aufgenommen hat. Was das bedeutet, soll ein Blick auf die Lage am Anfang des neuen Jahrhunderts erklären.

Abb. 6. Esaias van de Velde. Das Gastmahl im Freien. 1614. Haag, Gemäldegalerie. Aufnahme F. Bruckmann A.-G., München.

Einige der an italienischen Vorbildern orientierten, einen Stil der schwingenden Linien und schwellenden Formen pflegenden holländischen Künstler des späten sechzehnten Jahrhunderts gelangen seit der Jahrhundertwende zu einer ihnen gemäßen Ausdeutung der Landschaft, der sie in kleinfigurigen mythologischen und religiösen Darstellungen eine immer größere Rolle einräumen. Sie übertragen die manieristische, schwellende Formengebung auch auf das Landschaftliche, indem sie plastische Ausdeutung des Geländes, Betonung des Körperlichen in Haus und Berg, Baum und Strauch erstreben. Von dieser Art der Landschaftsmalerei wenden sich die jungen am Ende des sechzehnten Jahrhunderts geborenen Künstler mit Entschiedenheit ab. Sowohl das Italianisierende wie das Manieristische, den Natureindruck in stärkstem Maße einer vorgewollten Form angleichende, scheint ihnen ein Irrweg der Väter. Eher mochten sie von

Abb. 7. Esaias van de Velde. Gesellschaft auf der Terrasse. Vor 1620. Berlin, Kaiser-Friedrich-Museum.

einer anderen Gruppe von älteren Künstlern etwas lernen, von jenen Landschaftern, die aus den südlichen Niederlanden nach den nördlichen auswanderten wie Gillis van Coninxloo, David Vinckeboons und die beiden Savery. Zwar war auch hier noch die Landschaft hügelig und reich bewegt, oft ganz wirklichkeitsfern im Aufbau, von hohen vollgerundeten Bäumen eingefasst, von einem Standpunkt gesehen, der die Erde sich erheben, den Himmel verschwinden ließ, aber in der Ausführung beherrschte nicht mehr Linie und fester Körper alles, sondern malerische Auflösung hatte eingesetzt, verschwimmendes Licht die Gegenstände zu umspielen begonnen. Gelegentlich fand sich auch statt der phantastisch komponierten Landschaft ein schlichtes Waldinneres, eine ruhig gebreitete Ebene in Bildern, an die neues Streben anknüpfen konnte. Mehr noch als diese Flamen scheint für die vorwärtsstrebenden holländischen Landschafter dieser Zeit Leitstern und Richtpunkt Adam Elsheimer, der deutschrömische Maler des beginnenden siebzehnten Jahrhunderts, gewesen zu sein. Liebevolle Einfühlung in die Stimmung einer Landschaft, Vereinfachung des Bildaufbaus durch Einführung der Diagonale, knappere Fassung der Einzelform in ruhigen Umrissen, Auflösung der plastischen Form in Hell und Dunkel kennzeichnet das neue Streben. In Stichen nach Bildern Elsheimers fanden die jungen niederländischen Künstler, die nicht selbst in Rom gewesen waren, was sie bewegte, vorgebildet. Was sie aber selbst hinzutaten, war die Liebe zur heimischen Landschaft, der flachen sich breitenden Ebene mit stillen Kanälen, dichten Beständen alter Eichen, niedrigen Holzhütten klobigen Wachttürmen und schlanken Kirchtürmen. Über der Fläche mit ihren spärlichen Erhebungen steigt der Himmel an, jene echt holländische Atmosphäre mit großen Haufenwolken oder sich breitenden Dunstlagen, die Regen versprechen. So wird die niederländische Landschaftskunst dieser Jahrzehnte, die den Anfang einer durch Jahrhunderte und über ganz Europa weiterklingenden Bewegung bildet, im Entscheidenden bestimmt durch nationale und heimatliche Einstellung.

Der junge Esaias ist in Haarlem manchem Mitstrebenden begegnet, der sich für die neue Landschaftskunst einsetzte. Zu ihnen muss auch Willem Buytewech gehört haben, der um diese Zeit seine holländischen Ansichten und sittenbildlichen Darstellungen zeichnete und sicher auf Esaias gewirkt hat, ja, sogar einmal die Vorlage für eine Radierung von dessen Hand lieferte. Schon Esaias früheste Zeichnungen und Radierungen zeigen die neue Art angedeutet im Herabrücken des Horizonts, in der Vereinfachung der Linienführung zu einer gewissen Schlichtheit und Gradlinigkeit. Sein erstes uns erhaltenes Landschaftsgemälde, die Winterlandschaft des Leipziger Museums, mit der Jahreszahl 1615 (Abb. 3) ist noch jugendlich befangen, nicht ganz sicher in der Gestaltung, lässt aber schon erkennen, wohin der Weg führen sollte: zu einer durchgehenden Tonigkeit des Ganzen. Die Figuren des Vordergrundes, das Haus rechts sind noch in bunten braunen und rötlichen Eigenfarben gehalten. Weiter entwickelt zeigt sich sein Stil in Mittel- und Hintergrund, wo frisch in festen Pinselstrichen hingesetzt eine Brücke aus rohen Baumstämmen über einen gefrorenen Wassergraben führt und sich die grünlichen Streifen der Baummasssen in einen kühlen, graubraunen Ton einfügen. Die Bäume haben schon jene gertenhafte Magerkeit und Schlankheit, die für die Haarlemer Zeit des Esaias bezeichnend sind. Der klingende Frost des Winters auf der nördlichen Ebene, der jeden Halm und jeden Zweig mit Reif behängt, ist derb, aber überzeugend geschildert.

Abb. 8. Esaias van de Velde. Reiter am Flussufer. 1624. Bonn, Provinzialmuseum. Aufnahme Steinle, Bonn.

Esaias sind solche Vorwürfe immer lieb geblieben und er hat noch manches Winterbild gemalt. Ein besonders hübsches Stück der Art ist der »Stadtgraben mit Schlittschuhläufern« von 1618 in der älteren Pinakothek in München, der noch den gradlinigen diagonalen Aufbau, die straffe Zeichnung und die kühle Farbe der frühen Werke hat (Abb. 4). In diese Zeit muss ebenfalls die kleine »Winterliche Dorfstraße« des Leipziger Museums gesetzt werden. Mit der Jahreszahl 1618 bezeichnet ist das Rundbildchen, das sich ehemals in der Sammlung Habich in Kassel befand. Der zweiten Periode gehört das 1624 datierte »Winterliche Dorf« des Mauritshuis im Haag an. Die Einheitlichkeit eines warmbraunen Tons und einer durchlaufenden Raumgestaltung, die weiche, breite Pinselführung der spätesten Werke zeigen die »Schneebedeckten Bauernhäuser« des Jahres 1629 in der Kasseler Galerie.

Es ist kein Zufall, dass in dieser Zeit so viele winterliche Landschaften gemalt und gezeichnet werden. Sie geben in ihrer Laublosigkeit und Klarheit Gelegenheit zur Ausbildung der herben Einfachheit und Gradlinigkeit, die das Streben der jungen Künstler beherrscht, und zwingen durch ihre Farblosigkeit zu toniger Gesamthaltung. Dieses Streben aber spricht sich auch in der sommerlichen Landschaft aus. Auf der Stufe des Münchner »Stadtgrabens« stehen ein kleines Rundbild »Bollwerk am Kanal« im Kaiser-Friedrich-Museum in Berlin und das sommerliche Gegenstück zu dem Winterbild aus der Sammlung Habich. Eines der schönsten Beispiele aus dieser Zeit ist das kleine Bild des Kaiser-Friedrich-Museums in Berlin, das die Jahreszahl 1618 trägt (Abb. 1). Hier ist jede Unsicherheit gewichen. Vordergrund und Hintergrund fallen nicht mehr auseinander; in geschlossener heller Färbung ist das ganze Bild durchgeführt. Es ist, als wäre die Behandlung der entfernteren Teile auf den Vordergrund übertragen, als hätte der Künstler seinen Standpunkt weiter von der Landschaft abgerückt und sie als Fernbild gesehen. Damit ist eines der entscheidenden Ziele der neuen Landschaftsmalerei erreicht. Das Berliner Bild gibt eine Folge von feinen grünlichen, bläulichen und bräunlichen Tönen, die aus lauter kleinen Farbflecken zusammengesetzt sind. Als einziger starker Akzent ist das rote Wams eines Mannes links vorn hineingesetzt. Deutlich spricht sich in dieser Auflösung der

Abb. 9. Esaias van de Velde. Landschaft mit Fähre. 1622. Amsterdam, Rijksmuseum. Aufnahme F. Bruckmann A.-G., München.

Form, dieser Zersetzung der Farbe das aus, was die holländische Landschaftskunst des siebzehnten Jahrhunderts als eine der wichtigsten Neuerungen bringt: die Wirkung der die Dinge umgebenden Luft auf ihre Erscheinung. Im Aufbau herrscht die Aneinanderreihung schräg hintereinander sich verschiebender Schichten, die so geordnet sind, dass sie trotz aller Trennungen das Auge in die Bildtiefe leiten. Die letzte Schicht hebt sich in lebhafter Silhouette gegen den Himmel ab. Land und Stadt versinken unter dem hoch aufsteigenden Himmel.

Abb. 10. *Esaias van de Velde. Dünenlandschaft. 1629. Amsterdam, Rijksmuseum. Aufnahme F. Bruckmann A.-G., München.*

Esaias van de Velde hat auf Künstler wie Jan van Goyen, der etwa 1616 bei ihm in die Lehre trat, Pieter Molyn und Salomon Ruysdael aufs stärkste gewirkt, von kleineren Meistern, die in den Quellenschriften als seine Schüler oder Nachahmer bezeichnet werden oder auf Grund ihrer Werke in seine Gefolgschaft gesetzt werden müssen, nicht zu reden. Erst von seinen und von verwandter Künstler Errungenschaften aus konnten sie das erreichen, was in den dreißiger und vierziger Jahren die holländischen Landschaften dieser Künstlergruppe so auffallend bezeichnet, die fast einfarbigem ganz in einen beherrschenden grauen, bräunlichen oder grünlichen Ton getauchten Bilder flacher Gegenden unter hohem dunstigem Himmel.

Abb. 11. *Esaias van de Velde. Verfallener Turm und Naturbrücke. Zeichnung. Berlin, Kupferstichkabinett.*

Abb. 12. *Esaias van de Velde. Kanal mit Schlittschuhläufern. Zeichnung. Berlin, Kupferstichkabinett.*

Esaias van de Velde muss sehr bald nicht nur in Haarlem, sondern auch über diese Stadt hinaus zu Ansehen und Ruhm gelangt sein. Dieser Ruhm war wohl der Anlass, dass er nach dem Haag, der Residenz der Oranier, übersiedelte, wo in der Nähe des Hofes Aussicht auf Bestellungen und Käufer größer sein mochte als in der stillen, von Malern nachgerade übervölkerten Stadt des Frans Hals. Die Übersiedelung erfolgt 1618, und sofort meldet sich Esaias in der neuen Heimat bei der Lukasgilde an und bezahlt seine sechs Gulden Eintrittsgeld; der Eintrag in die Rechnungsbücher erfolgte am 10. November. Es folgen zwölf Jahre eifriger Tätigkeit im Haag. Noch 1628 wird Esaias van de Velde als Mitglied der Lukasgilde erwähnt. Bereits zwei Jahre darauf stirbt er; sein Begräbnis findet am 18. November 1630 in der Jakobskirche im Haag statt.

Man hat öfters die Vermutung ausgesprochen, Esaias van de Velde sei vom Statthalter Moritz von Oranien als Hofmaler nach dem Haag berufen worden. Doch liegen keinerlei Anhaltspunkte dafür vor, ja der Umstand, dass er sich gleich in die Haager Lukasgilde einkaufte, was er als Hofmaler kaum hätte zu tun brauchen, spricht sogar sehr gewichtig dagegen. Wie dem aber auch sei, der Hof ist jedenfalls auf ihn aufmerksam geworden. Constantin Huygens, der Sekretär des Prinzen Friedrich Heinrich, der 1625 auf Moritz folgte, hat ihn gekannt und als Künstler sehr hoch gestellt, wie wir aus seinen Aufzeichnungen wissen. Und das bedeutete Hofgunst, Aufträge und Verkäufe, da Huygens der Vermittler zwischen den Künstlern und seinem Herrn zu sein pflegte. So hat denn auch Esaias van de Velde Szenen aus dem Leben der großen Welt gemalt, einmal einen Ball, dann Schlachten und Belagerungen mit den Bildnissen der Heerführer, endlich den Besuch der Prinzen Moritz und Friedrich Heinrich von Oranien und ihrer Gäste auf dem berühmten und vielbesuchten Jahrmarkt in Rijswijck (Abb. 5). Dieses Gemälde befindet sich in der Sammlung Six in Amsterdam; seine Entstehung im Jahr 1625 ist durch ausführliche Bezeichnung und Datierung gesichert. Merkwürdig altertümlich mutet es in der Häufung der Darstellungsgegenstände an. Der Blick in die Dorfstraße mit den von Treppengiebeln bekrönten Häusern, auf die mit einem spitzen Helm bedachte Kirche und das Treiben des Jahrmarkts mit Buden und Bühnen, feilschenden Händlern und nachdrängendem

Volk ist lebendig geschildert. Aber recht steif ist davor die Reihe der Porträtgestalten und der gar zu bunte Wagen- und Reiterzug gesetzt. Man merkt die Entstehung aus nicht rein künstlerischem Trieb nur zu deutlich, wenn auch die gestellte Aufgabe gelöst ist. Ganz im Höfisch-Literarischen bewegt sich Esaias auch in zwei kleinen grau in grau gemalten Römerschlachten von 1622, die sich in der Sammlung der Amalienstiftung in Dessau befinden.

Abb. 13. Esaias van de Velde. Norwegische Landschaft. 1626. Zeichnung. Berlin, Kupferstichkabinett.

Die Bilder aus dem Leben des Hofes sind bezeichnenderweise keine großen repräsentativen Stücke, wie sie etwa ein Rubens zu gleicher Zeit in seiner Medicigalerie für die französische Königin oder in einzelnen großen Prunkstücken geschaffen hat, sondern kleine Staffeleibilder, die sich von Genrebildern nur durch die Einfügung von Bildnissen unterscheiden. Die neue Zeit spricht sich hierin entscheidend aus. Nur solche Auffassung war einem Künstler wie Esaias zugänglich. Für sie aber brachte er auch alle Eignung mit.

Esaias van de Velde war nicht nur Landschaftsmaler, sondern ebenso sehr Genremaler. Auch hierin berührt er sich mit Buytewech, ist er ein rechtes Kind der Stadt Haarlem, in der diese Kunstart ihre erste Blüte erlebte. Ja, er hat sogar gelegentlich in die Bilder anderer Künstler, wie in die Innenarchitekturen des Bartholomäus van Bassen und in eine Landschaft Gillis van Coninxloos, Figuren malen müssen, was nicht von ihm verlangt worden wäre, wenn er nicht gerade als Maler kleiner Figuren besonders geschätzt gewesen wäre. Schon seine frühen Landschaften zeigen als Staffagefiguren, statt der sonst üblichen religiösen oder mythologischen Gestalten, Schlittschuhläufer und zuschauende Herren und Damen, Bauern auf dem Wege zur Stadt, Reiter und Landsknechte, Pferde und Wagen; sie beweisen, das Treiben der Menschen habe ihn nicht weniger gefesselt als das Leben der Natur. So ist er schon als junger Künstler dazu gelangt, Sittengemälde zu malen. Bereits aus dem Jahre 1614 ist ein solches Werk, im Besitz der Gemäldegalerie im Haag, erhalten, ein Gastmahl im Freien, bei dem reichgeputzte Kavaliere mit ihren Damen an vollbesetzter Tafel trinken, schmausen und galante Unterhaltung pflegen (Abb. 6). Sie tragen die damals ganz moderne sehr kokette Tracht, weite Kniehosen, knappes Koller, aus dem ganz eng anliegende Ärmel hervorkommen, und schmalrandige Zylinderhüte, und passen sich auch in Haltung Und Bewegung der Mode an, die für den jungen Herrn Überschlagen des einen Beines über das Knie des anderen, Einstemmen der geballten Faust in die Hüfte als die Vollendung forscher Manieren vorschrieb. Das Bild zeigt stärker als die frühen Landschaften lebhafte Farben, die durch die damals noch bunte Tracht hereinkommen. Erst später erhält das Kostüm in Holland jene Beschränkung auf Schwarz, die wir aus den Bildnissen der Blütezeit kennen. Die Malweise entspricht durchaus der der Landschaften in ihrer derben, mit kräftigen Strichen und fest hingesetzten hellen Punkten und Flecken arbeitenden Art. Auch hier ist ein Gegensatz zwischen dem bräunlichen, durch lebhafte Lokalfarben belebten Ton des Vordergrundes und dem viel feineren grauen und grünen Ton des Hintergrundes vorhanden. Ein weiteres derartiges Stück mit der Jahreszahl 1615 befindet sich im Rijksmuseum zu Amsterdam. Einheitlicher im Ton, geschlossener im Bildaufbau ist das ähnliche Bild im Kaiser-Friedrich-Museum in Berlin (Abb. 7). Mit feinem Geschmack sind hier die Farben der Kleider zusammengefasst und kontrastierend vor das Grün der Bäume, das

Braun und Grau der Architektur gesetzt. Figurengruppe und Landschaft gehen ausgezeichnet zusammen. Reizend ist der Ausblick in den Garten mit der duftig in den Himmel ragenden Säule, den zart hineingesetzten kleinen Gestalten eines promenierenden Paares. Das Bild dürfte mehrere Jahre später entstanden sein als das im Haag, etwa zur Zeit der Übersiedelung nach der Residenz, wohl kaum aber später als 1620, da die Trachten noch dieselben sind wie auf den früheren Gesellschaftsstücken.

Abb. 14. Esaias van de Velde. Dünenlandschaft mit Herde. 1627. Zeichnung. Berlin, Kupferstichkabinett.

Wie in seinen Landschaften ist Esaias van de Velde auch in den Gesellschaftsbildern ein Vorläufer für eine ganze Schar von Haarlemer Spezialisten in diesem Fach. Ohne seinen und Buytewechs Vorgang sind die Bilder der Dirk Hals und Anthony Palamedesz, der Duck und Codde schwer denkbar. Aber noch in anderer Richtung wirkt er anregend, in Darstellungen von Überfällen und Kämpfen aus den zwanziger Jahren, wie einer 1620 datierten Dorfplünderung der Sammlung Moltke in Kopenhagen, einem Reitergefecht von 1622 in der Aachener Galerie, einem nächtlichen Kampf von 1623 im Rotterdamer Museum, einem Scharmützel von 1624 in der Galerie zu Glasgow.

Abb. 15. Esaias van de Velde. Landschaft mit Galgen. Radierung.

Die Übersiedelung nach dem Haag hat nicht nur für die äußeren Lebensverhältnisse Esaias van de Veldes Bedeutung gehabt, sondern ist auch für seine künstlerische Entwicklung wichtig geworden. Losgelöst aus der Künstlergesellschaft, die ihn in Haarlem umgab, weggerückt aus der Nähe von Frans Hals und Buytewech, wird er unsicher. Diese Unsicherheit zeitigt neue Probleme. Wenige Jahre nach der Übersiedelung hat sich sein Stil vollständig gewandelt. Ein Bild wie die 1622 datierte »Fähre« des Amsterdamer Museums (Abb. 9) ist bereits weit von der Berliner Landschaft des Jahres 1618 entfernt. Statt der kalten Töne sind wärmere gewählt. Die Komposition ist voller geworden, betont die Silhouette, zeigt statt der sich verschiebenden Streifen starke Betonung der Bildmitte und kulissenhafte Rahmung in geschwungenen Linien. Die Zeichnung im Einzelnen verrät ähnliche Richtung; bei größter Genauigkeit ist das Herbe und Straffe zugunsten gerundeter Formen und weicher Umrisse verlassen. Statt der derb aufgesetzten Flecken und Striche sind flächige Farbmassen hingemalt. Mit diesen Mitteln ist bei dem Amsterdamer Bild eine höchst einschmeichelnde Stimmung erreicht. Wie sich der stille Kanal zwischen Bäumen und Häusern hinzieht und ihre Spiegelbilder klar und warm empfängt, wie an den Ufern das Leben der Menschen und Tiere, von dem belebenden Element angezogen, sich abspielt und Boote über diese von der Natur geschenkte Straße gleiten, wie in der Luft zwischen ruhig sich erhebenden Wipfeln alter Bäume Vögel sich tummeln: Das alles ergibt ein Bild des Friedens und der Ruhe von stärkster Einprägsamkeit und Abgeschlossenheit. Weiter in dieser Richtung auf warme Tonigkeit, vollere Zeichnung und zusammenfassenden Bildaufbau führen die folgenden Jahre. Statt der sich breitenden Ebene mit verstreuten Bäumen, Häusern und Menschen malt Esaias immer häufiger Massen, die den Blick in die Ferne abschneiden, das Auge im Vordergrund festhalten, und oft sogar ein Waldinneres, das sich schließt. Wie anders ist der Aufbau der 1624 gemalten »Reiter am Flussufer« im Bonner Museum (Abb. 8) mit dem begrenzten Ausblick rechts und den einengenden sich zusammenschließenden Bäumen links als etwa jener der Berliner Flachlandschaft, wie verschieden sind aber auch die Figuren eines solchen Bildes in ihren gedrungenen Formen und gerundeten Umrissen von den schlanken spitzigen auf den frühen Landschaften.

Der Umschwung, den Esaias van de Velde in diesen Jahren durchmacht, ist nicht leicht zu erklären. Sieht er doch fast aus wie eine Reaktion; denn manches erinnert auf den Bildern dieser Zeit an die ältere Kunst der aus den südlichen Niederlanden eingewanderten Landschaftsmaler, zu denen er sich zehn Jahre vorher so entschlossen in Gegensatz gestellt hatte. Er muss im Haag in der Atmosphäre des Hofes, der die ältere flämische Kunst bevorzugte, Malern und Gemälden begegnet sein, die ihn von dem eingeschlagenen Wege abdrängten. Beziehungen zu zeitgenössischen flämischen Künstlern sind nicht zu verkennen. Auch in anderer Hinsicht erfolgt ein Abweichen von der früheren Richtung. Waren die Figuren in den Landschaften des ersten Jahrzehnts schlicht beobachtet als die natürliche undramatische Belebung der Natur durch den Menschen, so nehmen sie jetzt immer häufiger das Interesse in Anspruch als handelnde Personen, deren Erlebnisse ebenso stark wirken wie die Stimmung der Landschaft, ja sie gelegentlich übertönen. Trotz alledem ist aber ein Weiterschreiten zu einheitlichem Bildaufbau statt einer Aneinanderreihung der Dinge, ausgleichender Abwägung der landschaftlichen und figürlichen Teile, Gewinnung eines beherrschenden Gesamttons unverkennbar. Diese Bemühungen gipfeln in den letzten Arbeiten des Künstlers, in denen sie zu einem klar sich ergebenden Ziel gelangen. Wieder ganz auf die Stimmung der Natur gestellt ist die Dünenlandschaft des Amsterdamer Museums von 1629 (Abb. 10). Die menschlichen Gestalten sind hier vollständig in die Natur einbezogen, werden von den Wellen des Geländes verschluckt. Die Hügel im Vordergrund, der Baum, der am Weg steht, halten den Blick nicht auf, sondern leiten ihn in die Ferne. In welligen Streifen, in einheitlicher Bewegung schiebt sich das Gewoge der Dünen bis weit an den Horizont, wo Erde und Himmel zusammenstoßen. Man spürt den Wind, der über das Land streicht, die Zweige des Baumes bewegt, die Wolken zerreißt, und die Frische der Luft, in der sich Vögel tragen lassen. Das Bild ist ganz in einem entschlossen durchgeführten gelbbraunen Ton gehalten. Dick sind die weißen Lichter aufgetragen, und nur das Braungrün des Baumes und das Violettbraun des Jägers geben der Landschaft Farbe. So wirkt in erster Linie das Helldunkel, der Gegensatz von Licht und Schatten. Esaias ist wieder auf dem Wege, den die Entwicklung der holländischen Landschaftsmalerei ging, wenn er sich in diesem seinem letzten Werk auch weit von den Bestrebungen seiner Jugend entfernt hat.

Was sich aus den Gemälden ablesen lässt, spricht sich nicht weniger deutlich in den Zeichnungen aus. Auch hier ist die Einstellung der Haarlemer Jahre auf straffe Formen, ruhig in Streifen geordneten Bildaufbau in einer Zeichnung wie dem »Verfallenen Turm mit der Naturbrücke« deutlich (Abb. 11). Ganz in der Art der frühen Winterlandschaften ist der »Kanal mit Schlittschuhläufern« im Berliner Kupferstichkabinett (Abb. 12). In straffen Linien sind die schlanken winterkahlen Bäume, die kleinen Figuren erfasst. Alles ist schlicht und gradlinig aufgebaut. Ein besonders reizvolles Blatt der Reifezeit ist die Flusslandschaft mit dem Felsen vom Jahre 1626 in der gleichen Sammlung (Abb. 13). Offenbar eine norwegische Gegend darstellend, ist es durch sichere Führung der kräftig zeichnenden Feder ausgezeichnet. Trotz der Zerklüftung des Geländes, der Zerzaustheit der Bäume ist die Landschaft in geschlossenen Linien aufgebaut. Die menschlichen Gestalten verschwinden in der Größe der Natur. Eine einheimische Dünenlandschaft von 1627 (Abb. 14) zeigt einen weiteren Fortschritt in dieser Richtung. In ruhiger Rundung wölbt sich die eintönige Linie des Hügelrückens; die Hütten ducken sich unter den Bäumen. Es ist dieselbe Stimmung wie bei dem Dünenbilde des Jahres 1629 in Amsterdam, wenn auch nicht die gleiche Stärke des Eindrucks erreicht ist.

Abb. 16. *Esaias van de Velde. Gesellschaft im Freien. Radierung.*

Schon aus den wenigen herangezogenen Beispielen ist zu ersehen, dass Esaias van de Velde ein Zeichner von größtem Können war, dass er auch ohne Farbe mit der Linie allein ausdrücken konnte, was ihm wichtig schien. Besonders in den frühen Blättern gelingt es ihm, sein Streben ganz mit den Mitteln der Zeichnung zu verwirklichen. So musste ihm, als er zur Radiernadel griff, um einige seiner Kompositionen zu vervielfältigen, dieses Vorhaben bestens gelingen. Es gibt neben wenigen figürlichen Darstellungen einzelne Landschaften und mehrere Folgen landschaftlicher Blätter. Fast immer handelt es sich bei ihnen um bestimmte Ansichten aus der Umgebung Haarlems, die treu und liebevoll wiedergegeben sind. So gehören denn auch die meisten dieser Arbeiten in die Haarlemer Zeit; ein Blatt trägt das frühe Datum 1614, ein einziges »Der Dammbruch von 1624« ist für die zwanziger Jahre festgelegt. Die meisten Radierungen repräsentieren den Stil der Leipziger Winterlandschaft von 1615 oder der Berliner Stadtansicht von 1618. Beziehungen zu dem wenig älteren Buytewech sind bei ihnen noch enger als bei den Gemälden, und unverkennbar ist die Absage an die ältere Landschaftskunst mit ihren schwellenden Formen und gerundeten Linienzügen. Die Strichführung ist knapp und gradlinig, der Richtungswechsel erfolgt häufig, statt in Rundungen, in Brechungen und Absetzungen. Dabei wird versucht, mit den geringsten Mitteln auszukommen; oft genügen wenige malerisch hingesetzte Striche, um den gewünschten Eindruck hervorzubringen. So tritt an die Stelle der älteren plastischen Darstellungsweise eine flächig malerische als entscheidendes Ausdrucksmittel.

Abb. 17. *Jan van de Velde d. Ä. Allegorie der „Erde". Radierung nach Buytewech.*

Ein Beispiel, das besonders deutlich zeigt, wie sich die Flachlandschaft in ihrem Hintereinander horizontaler und diagonaler Linien durchgesetzt hat, ist die Radierung mit dem Galgen, die sicher zwischen 1616 und 1618 entstanden ist (Abb. 15). Stärker noch als in den gleichzeitigen Gemälden spricht sich hier das rein Holländische in Gegenstand und Bildgestaltung aus. Es ist von höchstem Reiz zu beobachten, wie mit einfachsten Mitteln der Zeichnung die ganze Stimmung dieser ebenen, von Dünen belebten Gegend, der frischen Seeluft und des hohen kühlen Himmels erfasst und die Tiefenerstreckung des Geländes verdeutlicht ist.

Abb. 18. Jan van de Velde d. Ä. Allegorie des „Feuers". Kupferstich nach Buytewech.

In der Stimmung den frühen Gesellschaftsbildern verwandt, ihnen auch in der spitzigen Vortragsweise nahestehend, ist die hübsche Radierung der »Gesellschaft im Freien« (Abb. 16). Sehr wirkungsvoll sind die Figuren in der Bildfläche angeordnet, ganz besonders reizvoll ist der Ausblick rechts mit den in wenigen Strichen skizzenhaft hineingesetzten Spaziergängern; in der Schilderung der etwas steifen Fröhlichkeit dieser schmausenden Gesellschaft spricht sich so viel unmittelbare und frische Beobachtung aus, wie sie nur jugendliche Entdeckerfreude aufbringen kann. Auch in seinen Radierungen gehört Esaias van de Velde zu den Bahnbrechern einer neuen national-holländisch eingestellten Kunst.

Jan van de Velde, der Kupferstecher

Sind die Radierungen Esaias van de Veldes Gelegenheitsarbeiten seiner Jugendzeit, die an sich durchaus nicht unbedeutend, doch in seinem Gesamtschaffen hinter den Gemälden zurücktreten, so ist das Verhältnis bei seinem Vetter Jan das Umgekehrte. Er mag gelegentlich gemalt haben; in alten Versteigerungskatalogen kommen unter seinem Namen Landschaftsgemälde vor, von denen allerdings nicht zu beweisen ist, ob sie von ihm oder von einem anderen gleichnamigen Mitglied der Familie stammen. Die alten Schriftsteller loben ihn immer nur als Stecher; heute sind nur einzelne Landschaften von ihm mit einiger Wahrscheinlichkeit nachzuweisen. Umso häufiger sind seine Kupferstiche und Radierungen, von denen es über fünfhundert gibt. Dem entspricht durchaus, was wir über den Lebenslauf und die künstlerische Ausbildung Jans aus geschichtlichen Nachrichten ablesen können.

Jan van de Velde kann nur wenig jünger als Esaias gewesen sein. Er gibt im Herbst 1641 sein Alter mit achtundvierzig Jahren an, muss also 1593 geboren sein. Seine Kindheit verbrachte er sicher zum größten Teil in Rotterdam, wo er in seinem Vater, dem Lehrer und Schreibkünstler Jan, einen gestrengen aber liebevollen Meister im Schreiben und in den Anfangsgründen des Zeichnens gefunden haben mag. Der alte Schreibmeister, der mehrfach mit Stechern und Malern in Berührung kam, dürfte früh auf die künstlerische Begabung seines Sohnes aufmerksam geworden sein. So gab er ihn nach Haarlem zu Jacob Matham, dem Stecher, in die Lehre. Es sind uns mehrere Briefe erhalten, die er seinem Sohn dorthin unter der Adresse seines Lehrers schrieb. In dem ersten von 1613 klagt der brave Schulmeister, dass seine Schule nicht recht gedeihe und dass es ihm schwer werde, den Sohn in Haarlem zu unterhalten, schickt ihm aber doch ein Paar neue Schuhe. Er mahnt zum Fleiß und bestellt

*Abb. 19. Jan van de Velde d. Ä. Der Fastnachtsabend.
Kupferstich nach Molyn.*

Grüße von der Mutter und den Geschwistern. Die väterliche Mahnung ist auf guten Boden gefallen. 1614, also im üblichen Alter von einundzwanzig Jahren, beendet der Sohn seine Lehrzeit und wird in die Gilde aufgenommen. Aber er bleibt noch in dem Haus seines Lehrers und arbeitet als Geselle unter seiner Aufsicht, wie aus einem weiteren Brief des Vaters von 1617 hervorgeht. Auch dieser Brief enthält väterliche Ratschläge, sich vorerst mit geringem Verdienst zu begnügen, um erst einmal bekannt zu werden, und derweilen sich in der Kunst zu vervollkommnen. Die Mutter sendet eine Beihilfe von vier Gulden und einem Stüber, die der Vater mit der Mahnung zur Sparsamkeit begleitet. Zum Schluss gibt es den guten Grundsatz: Die Kunst des Erfindens eigener Werke ist besser als Nachmachen und Kopieren, und den Ratschlag, sich recht bald als Meister selbständig zu machen. Das scheint denn auch geschehen zu sein, denn 1618 wohnt Jan nicht mehr bei Matham. Wir erfahren das bei Gelegenheit seiner Verheiratung mit Stintje Frederiksdochter aus Enkhuizen. Des Weiteren hören wir aus den Jahren 1623 und 1627, dass ihn die Stadtverwaltung von Haarlem für Stiche bezahlt. 1625 erhält er vom Hof im Haag ein Privileg auf acht Jahre zur alleinigen Herstellung und Publikation seines Kupferstichwerks mit der Darstellung der Beerdigungsfeierlichkeiten des Prinzen Moritz von Oranien, und im folgenden Jahr macht er eine weitere Eingabe in dieser Angelegenheit. Schon die Erteilung dieses Privilegs ist ein Zeichen dafür, dass Jan zu Erfolg und Ansehen gelangt war. Wir möchten vermuten, dass ihn die Ausübung seiner Kunst auch zu einem gewissen Wohlstand gelangen ließ. Jedenfalls ist er ein anerkannter Künstler geworden. Dafür spricht, dass er in nahen persönlichen Beziehungen zu Frans Hals und dessen Bruder Dirk Hals stand; 1627 hält er einen Sohn des ersteren und eine Tochter des letzteren über die Taufe. Auch die Anerkennung der Malergilde bleibt nicht aus. 1635 wird er durch die Wahl zum Kommissär der Gilde geehrt. Im gleichen Jahr kann er zwei Lehrlinge anmelden, was auf einen umfangreichen Werkstattbetrieb schließen lässt. Gegen Ende der dreißiger Jahre hat Jan aber Haarlem verlassen und ist in die Heimatstadt seiner Frau, nach Enkhuizen, gezogen. Dort wohnt er noch im Herbst 1641; kurz darauf scheint er gestorben zu sein, denn bei dem Aufgebot seines Sohnes

Jan im Sommer 1642 in Amsterdam wird nur noch dessen Mutter als in Enkhuizen lebend erwähnt. Jedenfalls ist er aber 1652 nicht mehr am Leben, da spätestens in diesem Jahre eine Stichfolge erscheint, die als seine letzte hinterlassene Arbeit bezeichnet wird.

Abb. 20. *Jan van de Velde d. Ä. Bildnis Jakob Zaffius. 1630. Kupferstich nach Frans Hals.*

Jan van de Velde war auf einen mühsameren Weg gewiesen als Esaias, der unbeschwert durch Schule und Überlieferung als fertiger Meister zur Radiernadel gegriffen und sofort moderne, in Erfindung und Ausführung ganz freie Blätter geschaffen hat. Bei Matham lernte Jan in langer Lehrzeit die Stechkunst in ihrer ganzen akademischen Gebundenheit, die für jeden Strich und jeden Punkt eine feste Regel vorschrieb. Matham gehört zu den tüchtigsten Stechern aus der Schule des Hendrik Goltzius. Rund zwanzig Jahre älter als Jan van de Velde, bewegt er sich noch ganz in den alten Bahnen. Worauf es ankommt, ist: Reinheit in Führung und Ausprägung der schwingenden Stichellinien, Regelmäßigkeit und Klarheit in der Anordnung der sich verschränkende, sich schneidenden oder in strenger Parallellage verlaufenden Strichsysteme, plastische Geschlossenheit der Dinge, glänzende, metallischblanke Wirkung der Lichter, Festigkeit der linear aufgelösten Schatten. Jan hat diese virtuose Technik von Grund auf lernen müssen, um sie dann zu vergessen. Es gibt zwar auch von ihm eine größere Anzahl Kupferstiche, die mit dem Grabstichel nach der alten Art gearbeitet sind; aber schon ihnen merkt man an, dass diese Arbeitsweise ihm nicht mehr gemäß war, dass er von ihr fort zu einer neuen Freiheit strebte und sie gelegentlich schon in dieser Technik erreichte. Wenn er zur Radiernadel greift, folgt er ohne Zwang den Umrissen der Dinge, befreit er sich vom strengen Schema der Liniennetze, indem er ihnen eine freiere Anordnung gibt und selbst zugunsten einer ungebundenen Schattengestaltung ganz auf sie verzichtet.

Die Bedeutung Jans in stilgeschichtlicher Hinsicht liegt lediglich auf dem Gebiet des rein Graphischen. Im Übrigen bleibt er anderen fast alles schuldig, nimmt er Anregungen auf, wo er sie finden kann, ordnet er sich seinen Vorbildern ganz unter. Häufig hat er fremde Vorlagen auf die Kupferplatte übertragen, und zwar nicht nur solche fortschrittlicher Künstler, sondern gelegentlich auch Arbeiten älterer Meister, die den Errungenschaften dieser Zeit noch fremd gegenüberstehen. Neben Landschaften und Genrebildern von modernen Malern wie Willem Buytewech, Esaias van de Velde, Pieter Molyn und biblischen Szenen von van Uytenbroeck findet man Landschaften von älteren wie Willem van Nieuwlandt, Gerard van Horst und David Vinckeboons. Diese Reproduktionsstiche zeigen bereits die ganze Kunst Jans. Er beherrscht Radiernadel wie Grabstichel vollständig und wendet sie auch nebeneinander auf derselben Platte an je nach den Forderungen der Vorlage und des Darstellungsgegenstandes. Besonders die nach Vorlagen Buytewechs gearbeiteten Blätter stechen hervor. Die energische und lebendige Strichführung der Originale, ihre Abtönung der zeichnerischen Mittel sind in die Radierungen hinübergerettet (Abb. 17). Das Malerische eines Nachtbildes wie der »Feuernden Batterie«, die in einer Folge der Elemente das »Feuer« versinnbildlicht, ist meisterhaft mit dem Grabstichel gestaltet (Abb. 18). Das Aufblitzen des Schusses, das für einen kurzen Augenblick scharfe Lichter über die nähere Umgebung wirft, ist ebenso gut erfasst, wie das stille, ewige Leuchten der Gestirne am nächtlichen Himmel und das Dunkel des Waldrandes mit seinen ragenden Bäumen. Unverkennbar ist, abgesehen von den schon bei den Vorlagen vorhandenen Beziehungen zu Elsheimer, bei solchen Blättern auch im rein Graphischen die Anlehnung an dessen Interpreten, den Stecher Hendrik Goudt. Das malerische Herausarbeiten heller Lichter bei künstlicher Beleuchtung hat Jan van de Velde mehrfach beschäftigt. In einem Blatt nach Pieter Molyn »Der Fastnachtsabend« kehrt es wieder (Abb. 19). Fast schon wie ein Schabkunstblatt wirkt es in seinen tiefen Dunkelheiten und in der stufenweisen Aufhellung bis zum leuchtenden Weiß des Papiers. Die Bezeichnung des Esaias van de Velde als Erfinder tragen auffallenderweise nur zwei Blätter von Jan, obgleich gerade die Landschaften der beiden Vettern engste Verwandtschaft verbindet. Sollte sie auf manchem Blatt nach Esaias nur durch einen Zufall fehlen?

Einträglich und der Wirkung auf ein großes Publikum immer sicher war in alten Zeiten der Porträtstich, der einem verbreiteten Bedürfnis entgegenkam, sei es als Buchillustration, sei es als einzelnes Erinnerungsblatt. Auch Jan hat zahlreiche Porträts auf die Kupferplatte gebracht. Dass er selbst die darzustellenden Persönlichkeiten nach der Natur gezeichnet habe, ist nicht anzunehmen. Es lagen ihm wohl immer Zeichnungen oder Gemälde von anderen vor, die er direkt oder mit dem Hilfsmittel eigener Umzeichnung auf die Kupferplatte übertrug. Genannt sind die Erfinder nur bei einer kleinen Anzahl. Vor allen ist Frans Hals zu erwähnen, nach dessen Gemälden eine ganze Reihe bekannter Zeitgenossen von Jan van de Velde in einer der Malweise der Vorbilder gut angepaßten Art wiedergegeben ist (Abb. 20). Hendrik Pot und Pieter Saenredam ferner lieferten Vorbilder für solche Bildnisse. Fast alle diese Blätter fallen in die zweite Hälfte der zwanziger Jahre, in eine Zeit, da Jan offenbar als Kupferstecher gesucht war und danach strebte, zu Wohlstand zu gelangen. Denn um Brotarbeit handelt es sich bei diesen Bildnisaufträgen mit wenigen Ausnahmen, zu denen man den bereits 1621 geschaffenen Kopf des Vaters Jan rechnen kann (Abb. 2).

Außer den Blättern, die neben dem Stechernamen Jans den eines zweiten Künstlers als des Erfinders, Malers oder Zeichners der Vorlage tragen, gibt es eine weit größere Zahl, die nur seine Bezeichnung aufweist. Man hat sich daran gewöhnt, sie als Original-Radierungen oder Original-Kupferstiche in dem Sinne zu betrachten, als wären sie erwiesenermaßen von der Naturstudie bis zum vollendeten Kupferdruck sein eigenes Werk. Vorerst ist zu bemerken, dass auf vielen dieser Blätter hinter dem Namen Jans nur das Wort »fecit« steht. Dieses »hat es gemacht« ist nun sehr vieldeutig, je nachdem man es auf den ganzen künstlerischen Arbeitsgang oder nur auf die Herstellung der Kupferplatte beziehen will. Es stehen den Stechern dieser Zeit mehrere ähnliche Bezeichnungen zur Verfügung. Ganz eindeutig sind die Angaben »invenit« (hat es erfunden), »pinxit« (hat es gemalt), »delineavit« (hat es gezeichnet), die sich zweifellos auf die Vorlage und nicht auf die Ausführung des Kupferstiches beziehen, und die Angabe »sculpsit« (hat es gestochen), die sich nur auf die Arbeit des Stechers beziehen kann. Auf sie deutet aber auch das erwähnte »fecit« auf manchen Blättern Jans hin, die daneben noch den Namen des Erfinders tragen. Man kann also aus der alleinstehenden Angabe »Jan van de Velde fecit« vorerst nur entnehmen, dass er das betreffende Blatt gestochen oder radiert hat; die Frage nach der Erfindung bleibt beim Fehlen weiterer Angaben offen. Häufig mag stillschweigend gemeint sein, es sei auch die Erfindung vom Stecher. Es ist aber ebenso gut möglich, dass dieser harmlos die Komposition eines anderen vervielfältigte, ohne ihn zu nennen, denn jene Zeit kannte die modernen Begriffe des künstlerischen Eigentums und des Plagiats nur in sehr beschränktem Maße. Nun gibt es eine Reihe Blätter, auf denen sich Jan van de Velde selbst als »inventor« (Erfinder) nennt, und zwar vor allem eine Folge von achtzehn Illustrationen unter dem Titel »Toneel der ydelheid« (Theater der weltlichen Richtigkeit) aus dem Jahre 1633, die in Halbfiguren Typen lasterhafter Menschen als Sinnbilder der Richtigkeit weltlichen Treibens in lehrhafter Weise vorführen; es ist das eine jener

Abb. 21. Jan van de Velde d. Ä. *Landschaft mit Schloss und Bauernhaus*. Zeichnung. Berlin, Kupferstichkabinett.

Abb. 22. Jan van de Velde d. Ä. Landschaft mit Schlittschuhläufern. Zeichnung. Berlin, Kupferstichkabinett.

Abb. 23. Jan van de Velde d. Ä. Die Ruinenlandschaft mit dem trockenen Baum. 1615. Radierung.

Abb. 24. Jan van de Velde d. Ä. Die Flachlandschaft mit dem Ziehbrunnen. 1615. Radierung.

damals beliebten Folgen, die sittenbildlichen Gestalten noch in alter Weise einen moralischen oder allegorischen Sinn unterlegen. Auch einige Einzelblätter, besonders zwei Kirmesbilder, hat Jan ausdrücklich als seine Erfindungen in Anspruch genommen. Aber diese rein figürlichen Darstellungen, auf die er so besonders stolz gewesen zu sein scheint, sind seine schwächsten Arbeiten; es ist bezeichnend, dass er die Dinge, die ihm ungewohnt waren, besonders schätzte und ohne Selbstkritik anpries. Mitgesprochen haben mag auch die alte Vorstellung, die Darstellung der menschlichen Gestalt, und besonders die der allegorisch ausgedeuteten, sei die höchststehende Kunst. An historische oder religiöse Figurenstücke hat er sich übrigens nicht gewagt; wo sie in seinem Werk vorkommen, liegen fremde Vorlagen zugrunde.

Abb. 25. Jan van de Velde d. Ä. März. 1618. Radierung.

Müssten wir uns an die Blätter halten, die Jan mit seinem »invenit« bezeichnet hat, so bliebe nichts übrig, als ihn für einen recht minderwertigen Künstler zu halten. Glücklicherweise gibt es aber eine Anzahl weiterer Arbeiten, die auf eigenen Zeichnungen fußen und ihn als einen tüchtigen Landschafter und Beobachter des menschlichen

Treibens ausweisen. Sie machen den größten Teil seines Gesamtschaffens aus und sind das Beste, das er hinterlassen hat. Meist fasst er diese Landschaften in größeren oder kleineren Folgen zusammen, denen er manchmal ein besonderes Thema wie etwa »Die vier Jahreszeiten« oder »Die Monate« oder »Die Tageszeiten« unterlegt. Auch hierin verrät er sich als das Kind der Übergangszeit, die noch nicht recht den Mut dazu fasste, die Dinge um ihrer selbst willen darzustellen, sondern eine lehrhafte Begründung verlangte. In anderen Folgen ist diese Befangenheit abgestreift, und sie geben sich schlicht unter lateinischem oder holländischem Titel wie die »Amoenissimae aliquot Regiunculae« (einige liebliche Landschaften) von 1615 und die »Playsante Lantschappen«, die nach seinem Tode von dem Verleger Vischer herausgegeben wurden. Vier dieser Folgen, darunter die beiden soeben genannten, tragen auf dem Titelblatt die Angabe, sie seien von Jan gezeichnet (delineatae; na't Leven geteijkent), sodass also mindestens ausgeführte Zeichnungen Jans ihnen zugrunde gelegen haben müssen, wenn damit auch in vielen Fällen nicht ohne weiteres gesagt ist, dass diese Zeichnungen nicht ihrerseits von fremden Vorlagen abhängig waren. Sie sind aber im ganzen so einheitlich in der Zeichenweise, dass man sie und die gleichartigen Blätter als Originalgraphik Jan van de Veldes ansehen kann. Was allerdings im Stil abweichend ist, wird nach fremden Vorlagen gezeichnet sein. Besonders stehen einige Blätter den Kompositionen Elsheimers und seiner holländischen Nachahmer wie Uytenbroeck, so nah, dass man kaum annehmen kann, sie seien ohne engste Anlehnung an bestimmte Werke ihrer Hand entstanden. Bei ihnen dürfte also der Erfindername stillschweigend weggelassen sein, vielleicht unter der Voraussetzung, Umzeichnung mit einiger Freiheit stempele sie schon zu Leistungen des Stechers. Von solchen Arbeiten wird also abzusehen sein, wenn Jans Bedeutung innerhalb der holländischen Landschaftskunst erfasst werden soll. Nicht immer ist aber ganz einwandfrei festzustellen, wo die Grenze zwischen Nachahmung fremden Stils und wörtlicher Benutzung fremder Vorbilder zu ziehen sei.

Wenn Jan nach eigenen Zeichnungen gearbeitet hat, so ist auch anzunehmen, dass sich solche erhalten haben müssen. Tatsächlich findet man noch Blätter, die ganz unverkennbar seine Hand zeigen;

sie sind meist sehr fein mit der Feder durchgeführt, in einem spitzigen Strich, dem man die Gewöhnung des Stechers anmerkt, wenn sie auch natürlich freier sind als die auf der Kupferplatte ausgeführten Arbeiten. Ein besonders hübsches Blatt ist die Landschaft mit einem Schloss und einem Bauernhaus im Berliner Kupferstichkabinett, das seine Art sehr gut vertritt (Ab. 21). Etwas freier und entschlossener in der Ausführung ist die Winterlandschaft mit Schlittschuhläufern in der gleichen Sammlung, die durch die Abtönung der zeichnerischen Mittel zur Erzielung einer Luftperspektive feine Wirkung erreicht (Abb. 22). Die Beziehungen zu Esaias van de Velde sind in dieser wohl vor 1620 entstandenen Zeichnung kenntlich, aber auch dessen Überlegenheit durch größere Sicherheit und Freiheit.

Abb. 26. Jan van de Velde d. Ä. Winterlandschaft. 1616. Radierung.

In den sehr zahlreichen frühen Landschaften Jans aus den Jahren 1615 und 1616 spiegelt sich der Umschwung in der Landschaftskunst dieser Zeit deutlich wider. Noch ganz phantastisch zusammengesetzt ist die Ruinenlandschaft mit dem trockenen Baum (Abb. 23). Hier lebt noch die Freude am Ungewöhnlichen, durch merkwürdige Dinge Fesselnden. Dazu sind solche Blätter ganz in der Art der flämischen Landschaften in kulissenhafter Weise aufgebaut und in der volltönenden, dramatischen Liniensprache der älteren Zeit durchgeführt. Unmittelbar darauf entstehen ganz schlichte, naturnahe Blätter, wie sie sehr ähnlich Esaias van de Velde geschaffen hat. Die Flachlandschaft mit dem Ziehbrunnen (Abb. 24), die wie das genannte Blatt in die Folge der »Amoenissimae aliquot Regiunculae« von 1615 gehört, ist unverkennbar von Arbeiten des Vetters Esaias, wie etwa der Landschaft mit dem Galgen abhängig. In der Ausführung aber zeigt sich, wieviel freier Esaias in der Zeichenweise war als Jan, dessen Linienführung in regelmäßig geschwungenen Zügen noch immer an die Gepflogenheit der Stecherkunst gemahnt. Jedoch hat er mit solchen Blättern den Anschluss an die moderne Kunst gewonnen. Unverkennbar ist auch die Beziehung zu Esaias in der reizenden kleinen Winterlandschaft aus der Folge der sechzig Landschaften aus dem Jahre 1616 (Abb. 26), sowohl in den gertenhaften schlanken Bäumen, der Gestaltung der fernen, verschwimmenden Ufer, als auch in den zierlichen Figürchen. Die abkürzende Zeichenweise solcher Blätter gibt ihnen einen besonderen Reiz und eine Frische, die die sorgfältiger ausgeführten nie aufzuweisen haben. Es gilt, dass die Figuren umso weniger standhalten, je größer in den Abmessungen und je ausführlicher in der Zeichnung sie sind. Auf dem eingeschlagenen Wege schreitet Jan, von gelegentlichen Rückfällen abgesehen, in den nächsten Jahren weiter. Ganz frei im Bildaufbau ist die Vorfrühlingslandschaft, die in einer Monatsfolge aus dem Jahre 1618 den März versinnbildlicht (Abb. 25). Es ist auf die rahmenden Baumkulissen verzichtet und auf jede Symmetrie, sodass der Ausschnitt wie zufällig wirkt und die Landschaft nach allen Seiten offen bleibt. Sehr kühn sind vorne die hohen, kahlen Bäume hingesetzt, und mit Konsequenz wird das Auge von hier aus in die Bildtiefe geführt bis in die verschwimmende Ferne. Die Stimmung der Jahreszeit ist in den noch kahlen aber schon schwellenden Bäumen, dem lockeren, feuchtigkeitsdurchtränkten Erdreich, der klaren Luft wirklich erfasst. Die unverkennbare Anlehnung an Buytewech schmälert nicht das Verdienst Jans, der sich dessen Ausdrucksmittel mit starkem Talent bedient hat. Später hat sich der Stil Jans, den er um 1618 gefunden hat, nicht mehr wesentlich geändert. Er begnügt sich damit, das einmal Errungene auszubauen und zu verwerten, wobei er allerdings von der Frische der Jugendarbeiten einbüßt. Die nach seinem Tode aus seinem Nachlass von Vischer herausgegebene Folge »Playsante Lantschappen« enthält durchaus nicht seine gelungensten oder fortgeschrittensten Blätter, wenn auch die besten unter ihnen in der Anwendung der Radiernadel zu tonigen und zarten Wirkungen ganz besonders fein sind (Abb. 27).

Abb. 27. Jan van de Velde d. Ä. Wasserschloss. Radierung.

Aus den frühesten Blättern geht deutlich hervor, wer die eigentlichen Lehrer Jans waren, nachdem er der Stecherkunst Mathams den Laufpass gegeben hatte. In erster Linie hat Willem Buytewech auf ihn eingewirkt. Manche Einzelheiten seiner Landschaften wie die hohen, oben in gewundenen, kahlen Ästen sich verzweigenden Bäume sehen aus, als wären sie unmittelbar aus Buytewechs Zeichnungen entnommen, und seine Genrefiguren höfischer Art lehnen sich unverkennbar an jenen an. Dann sind Beziehungen zu Esaias van de Velde deutlich; von ihm sind nicht nur die modisch gekleideten Staffagefigürchen in den Landschaften letzten Endes abhängig, sondern manches in der Zeichnung des Geländes und der Bäume. Im Bildaufbau gehört Jan ebenfalls in diese Gruppe holländischer Landschafter, wenn er auch nicht immer die ganze Konsequenz der allseitig offenen, unsymmetrischen, in die Tiefe entwickelten Anordnung erfasst, sondern häufig zu Kompromissen seine Zuflucht nimmt. Endlich ist Anlehnung an

Goudt auch bei einigen offenbar selbständig erfundenen Blättern nicht zu verkennen, besonders bei solchen, die nächtliche Beleuchtung aufweisen. Aus alledem erhellt, Jan van de Velde ist kein schöpferischer Künstler in dem Sinn gewesen, dass er bei der Wiedergabe der Natur eigene, neue Anschauungsweise und Formengestaltung gewönne. Er kommt mit den ihm von den Zeitgenossen überlieferten Ausdrucksmitteln aus, setzt sie zusammen und weiß sie mit Geschmack und Beweglichkeit auf dem einzigen ihm zugänglichen Gebiet, der Landschaft, anzuwenden. So hat er dazu beigetragen, die von Bedeutenderen gefundenen neuen Werte volkstümlich zu machen.

Die Stilllebenmaler Jan Jansz van de Velde der Jüngere und Anthony van de Velde

Von dem Leben der Söhne Esaias' und Jans, den Stillebenmalern Anthony und Jan van de Velde, wissen wir wenig. Jan ist 1619 oder 1620 in Haarlem geboren. Bei wem er das Malen lernte, nachdem er sich entschlossen hatte, nicht den Beruf seines Vaters, das Kupferstechen, zu ergreifen, wissen wir nicht; er muss früh nach Amsterdam gekommen sein, wo wir ihn 1642 als Bräutigam und 1643 als jungen Ehemann wiederfinden. 1644 wird er noch einmal als Taufzeuge in Amsterdam genannt. Von da an ist er urkundlich nicht nachzuweisen. Dagegen kommt sein Name auf einer größeren Anzahl Stillleben vor, die Daten zwischen 1646 und 1660 aufweisen. Wann er gestorben ist, wissen wir nicht. Seine Spezialität sind »Raucherstillleben«, wie sie damals mit der Kunst des »Tabaktrinkens« (wie man das Rauchen nannte) aufkommen und Frühstücksstillleben, die gewöhnlich aus Weingläsern oder Bierkrügen mit Obst und Nüssen, Krabben und Austern bestehen. Diese Dinge, zu denen gelegentlich auch die beim Rauchen und Trinken beliebten Spiele, Karten und Puff, kommen, stellt er meist auf einer schlichten Tischplatte aus Eichenholz zusammen. Sie sind mit Geschmack angeordnet, wenn auch der Bildaufbau keine großen Variationen aufweist, sondern mit wenigen immer wiederkehrenden Mitteln auskommt. Das Blinken der Kelchgläser und das Schillern der grünlichen Römer, das Glänzen weißblauer Delfter Schüsseln und Humpen sind mit Sicherheit wiedergegeben, indem einmal beobachtete Spiegelungen und Lichtreflexe immer wieder verwertet werden. Die Früchte und die Seetiere malt Jan mit Geschmack in weicher, zartfarbiger Behandlung. Besonders feine graue und bräunliche Töne findet er in den Raucherrequisiten jener Zeit, den Tonpfeifen und Lunten, den Kohlenbecken und Tabaksbeuteln (Abb. 28). Seine Schulung muss Jan in Amsterdam erhalten haben. Der Bildaufbau in bewegten, aufsteigenden Linien, die pyramidenartige Kompositionen ergeben, sprechen ebenso dafür wie die lebhafte Lichtführung mit starken Gegensätzen von Hell und Dunkel und die Einfügung warmleuchtender Früchte auf den Frühstücksstilleben. Manchmal ähneln sie den Arbeiten Willem Kalffs und immer wieder wird man daran erinnert, die Heimat Rembrandts allein könne der Boden für solche Bilder gewesen sein. In Haarlem malte man Stillleben ganz anders, in horizontaler Reihung der Dinge, die, in ein helles, gleichmäßiges Licht gestellt, ganz in braunen und grauen Tönen versinken. Ein schönes Beispiel für des jüngeren Jan Frühstücksstillleben ist das 1660 datierte Bild des Haarlemer Museums, eine bezeichnende Dreieckskomposition aus einem halbgefüllten venezianischen Kelchglas, Pfirsichen und Zitronen. Auch die wirkungsvolle Helldunkelgestaltung ist bei diesem Bilde gut durchgeführt (Abb. 29).

Von des jüngeren Anthony Schicksalen wissen wir etwas mehr. Er ist am 22. Oktober 1617 in Haarlem als dritter Sohn des Esaias van de Velde geboren. 1645 lässt er in Amsterdam eine Tochter taufen, und 1662 heiratet er dort zum zweiten Male, wobei jedes Mal sein um zwei Jahre älterer Bruder Esaias Zeuge ist; 1672 stirbt er in Amsterdam, das er kaum für längere Zeit verlassen hat. Von seinen Gemälden ist heute ein Einziges nachzuweisen, ein Küchenstilllebe, auf dem Früchte und Wild die Platte eines Küchenschränkchens bedecken (Abb. 30). Es trägt die Jahreszahl 1670, ist also zwei Jahre vor seinem Tod entstanden. Ohne eine besonders hervorragende Leistung zu sein, zeugt es von der Tüchtigkeit Anthonys. Wie die feinen braunen, grauen und weißen Farben der toten Vögel sich mit dem tonigen Grün der Früchte, dem Blau der Delfter Schale zusammenschließen und das Braunrot einer zusammengeschobenen Decke sich in diese Farbenfolge einordnet, ist nicht ohne malerischen Reiz. Ausgezeichnet ist das Duftig-Lockere des Gefieders, das Saftig-Feste der Früchte, das Trockene des Holzes wiedergegeben. Es ist ein gutes Beispiel holländischer Malkultur der Zeit, die auch dem mäßig Begabten die Mittel zu achtbarer Betätigung in die Hand gab.

Abb. 28. Jan Jansz van de Velde d. J. Raucherstillleben.
Budapest, Museum der schönen Künste.
Aufnahme F. Hanfstaengl, München.

Abb. 29. Jan Jansz van de Velde d. J. Stillleben. 1660. Haarlem, Frans Hals-Museum.

Abb. 30. Anthony van de Velde. Küchenstillleben. 1670.
Schleißheim, Galerie.

Willem van de Velde der Ältere, der Schiffszeichner

Ebenso wie Esaias und Jan van de Velde stammte der dritte Künstler der älteren Künstlergeneration, der Schiffszeichner Willem der Ältere, aus einer südniederländischen Familie. Sein gleichnamiger Vater, ein Schiffer, ist aus Oostwinkel in Flandern nach Leiden eingewandert, wo er 1593 heiratete. Früh hat er den 1611 geborenen jungen Willem auf seine Fahrten mitgenommen, wie aus einer Steuerbuchseintragung von 1622 hervorgeht. Wie dieser Sohn eines Schiffers, der selbst als Schiffsjunge in den Beruf seines Vaters eingeführt wurde, dazu gelangt ist, Künstler zu werden, wissen wir nicht. Wir wissen auch nicht, wann er den Künstlerberuf in sich entdeckte. Von seinen persönlichen Schicksalen ist festzustellen, dass er 1631 in Leiden Judith Adriaens van Leuwen heiratete, nach der Geburt zweier Kinder nach Amsterdam verzog, wo er 1636 bis 1672 nachzuweisen ist. Merkwürdig verknüpfen sich bei ihm Leidenschaft für alles auf Schiffe und Seefahrt Bezügliche mit der Neigung zu künstlerischer Tätigkeit. Damit kam er dem Geist jener Zeit so glücklich entgegen, dass er bald Gönner und Auftraggeber fand, die ihm alle gewünschten Gelegenheiten für sein Schaffen erschlossen. War doch der neue Staat auf Schiffahrt und Überseehandel angewiesen und erfüllte doch das erste Jahrhundert seines Bestehens die ständige Sorge um seine Geltung als Seemacht und die Sicherheit seiner Handelsflotten. Bereits 1639 scheint Willem van de Velde den Zug des Admirals Tromp gegen Dünkirchen und die Seeschlacht vor dieser Stadt mitgemacht zu haben. Die wechselnden Kämpfe seines Heimatlandes gegen Spanien, England und Schweden haben in den folgenden Jahrzehnten Willem immer wieder Gelegenheit gegeben, seine Kunst dem Ruhm der niederländischen Flotte und ihrer Führer dienstbar zu machen. Er hat manches Seegefecht miterlebt und auf Begleitflotten Reisen unternommen, die ihn nach den nordischen Ländern führten. Immer hat er Naturstudien von seinen

Fahrten mitgebracht, die oft genaue handschriftliche Angaben über Tag und Stunde der Entstehung, Wind und Wetterverhältnisse, die Einteilung der Flotten und ihre Befehlshaber, die Gefechtslage tragen. Besonders von den Kriegen gegen England 1653, 1665, 1666 und 1672 und dem Krieg gegen Schweden 1658 sind zahlreiche derartige Blätter erhalten. Deutlich spricht sich in ihnen aus, dass der Künstler, von Jugend auf mit dem Seewesen vertraut, jedes Schiff mit Kennerblicken betrachtete und voll Verständnis den Manövern und Kämpfen zu folgen verstand. Die taktischen Aufgaben, die den Seekampf jener Zeit auszeichnen, sind so klar erfasst und geschildert, dass man den Fernkampf und das Durchpassieren der Flotten, das Ausscheiden der kampfunfähigen Fahrzeuge, das Entern im Nahkampf deutlich verfolgen kann (Abb. 31). Häufig bringt er auf diesen Studien und auf den ausgeführten Zeichnungen die Galliot mit an, die er selbst benutzen durfte (vgl. Abb. 35). Aus dem Jahre 1666 ist uns noch der Befehl des Admirals de Ruyter erhalten, worin dem Schiffer Govert Pietersz aufgetragen wird, den Schiffszeichner Willem van de Velde an Bord zu nehmen und ganz dessen Wünschen entsprechend vor, hinter oder innerhalb der Flotte zu fahren, wie sich gerade die beste Gelegenheit zum Zeichnen ergäbe.

Aber auch an Land hat Willem keine Gelegenheit versäumt, Studien zu machen. Er muss überall dabei gewesen sein, wo Schiffe gebaut und hergerichtet wurden (Abb. 33). Wenn er in Ruhe sein Blatt ausführt, nimmt er wohl auch ein Stück Pergament, auf dem die Feder glatt hinstreicht. So zeichnet er auf diesem Material ein in Verkürzung gesehenes großes Schlachtschiff, an dessen Spiegel das holländische Wappen von Engeln gehalten angebracht ist (Abb. 32). Die ganze Pracht dieser Schiffe mit ihren reichen Schnitzereien, dem vielfältigen Auf und Ab der Takelage, den geöffneten Luken nimmt den Künstler gefangen. So sieht er sie zur Abfahrt bereit unter vollen Segeln, mit flatternden Fahnen auf leichtbewegter See sich wiegen.

In der Zeit, wenn die Kämpfe unterbrochen wurden oder er den Flotten nicht folgte, hat er nach den mitgebrachten Skizzen auf Holztafeln oder großen Leinwänden genau niedergelegt, was er gesehen und gezeichnet hatte. Jedoch sind auch diese endgültigen Fassungen keine Gemälde, sondern Zeichnungen, die mit der Feder auf weißem

Kreidegrund ausgeführt wurden. Mit größter Liebe ist jede Planke und jeder Mast, jede Rahe und jedes Tau in sauberen Linien hingesetzt, so dass man glaubt, die Schiffe bis in jede Einzelheit rekonstruieren zu können. Sowohl auf Seeschlachten wie der 1659 entstandenen im Amsterdamer Museum, die den Kampf bei Dünkirchen im Jahre 1639 darstellt (Abb. 34), oder der 1665 ausgeführten Schilderung der Schlacht im Sund am 8. November 1658, in der die verbündeten Niederländer und Dänen die schwedische Flotte schlugen (Abb. 35), als in Hafenbildern wie der Ansicht der Zuiderzee mit zahlreichen Kriegs- und Handelsschiffen (Abb. 36), bewährt sich des Künstlers sichere, ruhige Hand und sein scharfer Blick. Eine lange Reihe solcher Arbeiten bewahrt das Rijksmuseum in Amsterdam. Einzelne Stücke findet man in anderen Sammlungen, so die Darstellung der Flotte, die 1665 unter Admiral Ruyter nach Bergen segelte, im Schlossmuseum zu Weimar (Abb. 37). Zahlreich sind seine Werke in englischen Schlössern und Sammlungen; diese gehören zum größten Teil in die Zeit nach 1672, in welchem Jahr Willem van de Velde seine Heimat verließ.

*Abb. 31. Willem van de Velde d. Ä. Seeschlacht.
Zeichnung. Berlin, Kupferstichkabinett.*

Abb. 32. Willem van de Velde d. Ä. Dreimaster. Zeichnung. Berlin, Kupferstichkabinett.

Abb. 33. Willem van de Velde d. Ä. Schiff. Zeichnung. Berlin, Kupferstichkabinett.

Abb. 34. Willem van de Velde d. Ä. Seeschlacht vor Dünkirchen im Jahre 1639. 1659. Amsterdam, Rijksmuseum.

Der monatelange Aufenthalt auf der See inmitten des unruhigen Volkes der Matrosen, das abenteuerliche Leben am Bord des kleinen Schiffes müssen Willem van de Velde so zur Gewohnheit geworden sein, dass er auch an Land keine Ruhe halten konnte. Er mag überhaupt eine unstete Natur gewesen sein. So artig und sauber seine Arbeiten waren, so wechselreich und unbändig war sein Leben. Wir hören mehrmals von Vorkommnissen, die seiner Frau Grund zu Klagen gaben und offenbar das Zusammenleben unmöglich machten. 1662 erfolgte die Scheidung des Fünfzigjährigen. Aber die Streitigkeiten hörten nicht auf, und Frau Judith, die einen Kaufladen betrieb, scheint dem von ihr getrennten Gatten durch ihre Klagen und Nachreden den Aufenthalt in Amsterdam nicht leicht gemacht zu haben. Diese unerquicklichen Verhältnisse mögen dazu beigetragen haben, Willem aus der Heimat zu vertreiben. Es mögen auch Verleumdungen über angebliche Beziehungen zu den Engländern mitgesprochen haben. Genau lässt sich nicht feststellen, was den Ausschlag gab, ja ob Willem nicht etwa mit seiner Galliot von den Engländern gefangen genommen worden ist. Jedenfalls ist er Ende 1672 oder Anfang 1673 nach England übergesie-

Abb. 35. Willem van de Velde d. Ä. Die Schlacht im Sund am 8. November 1658. 1665. Amsterdam, Rijksmuseum. Aufnahme F. Bruckmann A.-G., München.

delt und danach nicht mehr in seine Heimat zurückgekehrt. Ihm eröffneten sich in London, ob er nun freiwillig oder halbgezwungen mitten im Kriege seinen Wohnsitz dorthin verlegte, offenbar weit größere Möglichkeiten für die Ausübung seiner Kunst als in Holland. König Karl der Zweite und seine Admirale wussten das Talent Willems zu schätzen und versprachen sich von seiner Tätigkeit Ehre und Nachruhm. So erfolgte 1674 seine Ernennung zum offiziellen Zeichner für Seeschlachten unter Zubilligung eines Jahresgehalts von einhundert Pfund, mit deren Auszahlung die Admiralität beauftragt wurde. Durch denselben Erlass wurde auch sein gleichnamiger Sohn angestellt; er muss also gleichzeitig mit ihm nach England übergesiedelt sein. Seine Gewohnheit, der Kriegsflotte zu folgen, hat Willem van de Velde auch in dieser Zeit beibehalten; bereits die Kämpfe des Sommers 1673 hat er auf englischer Seite mitgemacht und gezeichnet. Später gab es mehr friedliche als kriegerische Begebenheiten, königliche Besuche der Flotte, Festlichkeiten, Empfänge und Ähnliches darzustellen. Bis in sein spätestes Alter hat Willem sich keine Gelegenheit entgehen lassen, solche Ereignisse an Ort und Stelle zu beobachten. Bei der Ausführung hat ihm sein Sohn Willem geholfen, der Maler war und offenbar manche Zeichnungen des Vaters als Ölgemälde ausführte. Dieser selbst scheint erst in höherem Alter und nur gelegentlich zum Malerpinsel gegriffen zu haben; meist ist er seiner Art der sorgsam durchgeführten Federzeichnung treu geblieben. Ende 1693 starb Willem hochbetagt; er wurde am 16. Dezember in der Pfarrkirche St. James zu London beigesetzt. Sein Grabstein nennt ihn Hofmaler zweier Könige, Karls des Zweiten und Jakobs.

Was Willem van de Velde der Ältere schafft, sind keine Seebilder in dem Sinne, dass die Natur des Meeres und des Himmels um ihrer selbst willen wiedergegeben würde. Es kommt ihm darauf an, seine geliebten Schiffe, die kriegerischen Ereignisse, die Schicksale der Flotten zu verewigen. Er ist also in gewissem Sinn ein Historienmaler, dem die Darstellung einmaliger bedeutender Ereignisse Gegenstand der Kunst ist. Die Entwicklung, die die niederländische Kunst im siebzehnten Jahrhundert nahm, ist an ihm fast ganz vorbeigegangen. Schon lange ist in gleicher Weise wie bei der Landschaft das Stimmungsmäßige des Naturbildes, die malerische Erfassung des in die Tiefe sich erstreckenden unerfüllten Raumes, des hoch sich erhebenden Himmels, die Darstellung von Luft und Wasser Gegenstand der Seemalerei geworden. Von diesen Errungenschaften hat Willem van de Velde nur wenig übernommen. Wenn er sich auch bemüht, zwischen den Schiffen den Blick in die Ferne zu öffnen, eine gewisse Abstufung im Ton und der Ausführlichkeit nach der Tiefe hin einzuführen, Licht und Schatten in größeren Massen zu verteilen, so bleibt er doch der Chronist, dem es auf wissenschaftliche Genauigkeit mehr ankommt als auf Leben und freie, malerische Gestaltung.

Abb. 36. *Willem van de Velde d. Ä. Die Zuidersee. Amsterdam, Rijksmuseum. Aufnahme F. Bruckmann A.-G., München.*

Das Technische seiner Arbeiten ist durchaus rückblickend. Wie ein Kupferstecher der alten Schule zeichnet Willem in geschlossenen Linien, Häkchen und Punkten, schattiert er in regelmäßigen Strichnetzen. Es ist jene Art des Zeichnens, für die der alte Kupferstecher Hendrik Goltzius um 1600 berühmt war und für die schon er, wenn die Pergamentblätter nicht ausreichten, als Material Leinwand mit dicker, harter Kreidegrundierung wählte. Willem van de Velde, der seinen Arbeiten Ausmaße bis zu mehreren Metern gab, hat fast immer Leinwand oder auch Holztafeln nehmen müssen. Auf ihnen arbeitete er manchmal monatelang an einer Darstellung. An Willems altertümlicher, rein zeichnerischer Arbeitsweise ändert es auch nicht viel, wenn er seine Tafeln noch mit Pinselschattierungen zur Verstärkung der Wirkung übergeht. Mit den von ihm gewählten Mitteln erreicht er sehr viel. Die kämpfenden oder sich versammelnden Flotten sind wirkungsvoll angeordnet, die Verschiebung der Schiffe hintereinander ergibt ein überzeugendes Bild von dem Gedränge einer Seeschlacht, bei der aus dem Pulverdampf die mächtigen Aufbauten der Segel emporragen, die Fahnen an den Masten flattern und unten aus den geöffneten Luken die Schüsse krachen. Man versteht es, dass die getreuen Darstellungen der Kämpfe, die Holland die Freiheit der Meere und die für sein Gedeihen unentbehrliche Möglichkeit des Handels nach Indien verschaffen sollten, von den Zeitgenossen dieser entscheidenden ganz Europa in Atem haltenden Ereignisse viel begehrt und hoch bezahlt wurden, höher als die rein malerischer Einstellung verdankten mancher anderer Künstler.

Abb. 37. Willem van de Velde d. Ä. Die Flotte des Admirals de Ruyter im Jahre 1665. Weimar, Schlossmuseum.

Willem van de Velde der Jüngere, der Seemaler

Von den beiden Söhnen Willem van de Veldes des Älteren wählt der Ende 1633 noch in Leiden geborene Willem dasselbe Fach wie sein Vater. Er wächst in Amsterdam auf, wohin die Familie bald nach seiner Geburt gezogen ist und lernt von Kindheit auf das Zeichnen und die Handhabung von Leinwand und Pinsel. Dem Vater verdankt er wohl die genaue Kenntnis des Schiffsbaus und des Seewesens, die eine der Grundlagen seines Schaffens bildet. Dem alten Willem scheint es aber klar geworden zu sein, dass er dem begabten Jungen das nicht geben könne, was er als Kind einer neuen Zeit brauche. So tat er ihn zu dem Seemaler Simon de Vlieger, mit dem er selbst befreundet war, in die Lehre. Er konnte kaum einen besseren Führer für seinen Sohn finden, denn Simon de Vlieger war der bedeutendste Vertreter des Faches in Amsterdam. 1601 geboren, befreite er sich sehr bald von dem Phantastischen, Wirklichkeitsfernen, das der Seemalerei noch am Anfang des siebzehnten Jahrhunderts anhaftete. Ausgehend von der starkfarbigen Art der Übergangsmeister, gelangte er bald zu dem, was alle Malerei im zweiten Viertel des Jahrhunderts auszeichnet, zur Anwendung eines gleichmäßigen hellen, bräunlichen oder grauen Tones. Er bildet so auf seinem Gebiet eine Parallelerscheinung zu den Landschaftern der Zeit, wie Goyen, und gelangt wie sie zu Vereinfachung des Bildaufbaus, Betonung der Waagerechten, Herabrücken des Horizonts. Genaue Beobachtung von Luft und Licht, Weitblick über die Wasserfläche, die meist nur von vereinzelten Schiffen und Booten belebt ist, unterscheiden seine Bilder grundlegend von den mit Schiffen gefüllten, See und Himmel nur beiläufig behandelnden des alten Willem van de Velde. Von diesem Lehrer musste also der Sohn auf ganz andere Bahnen geführt werden als die des Vaters es waren. Wann er zu Simon de Vlieger, der seit 1638 in Amsterdam lebte, in die Lehre trat, wissen wir nicht; vermutlich geschah es um das Jahr 1650, als dieser nach Weesp zog, wo er 1653 gestorben ist. In Weesp lernte der junge Willem van de Velde Petronella le Maire kennen, die er 1652 in Amsterdam heiratete, allerdings um bereits nach einem Jahre zu entdecken, dass sie es mit der ehelichen Treue nicht sehr genau nehme. Die Ehe wurde geschieden und Willem heiratete 1656 ein Mädchen aus Amsterdam, Magdalena Walravens. Ihnen wurden mehrere Söhne und Töchter geboren, die letzte 1671. Bald danach ist Willem van de Velde, wohl gleichzeitig mit seinem Vater, nach London übergesiedelt, wo er ebenfalls in königlichen Dienst trat. Vater und Sohn haben zusammen in Greenwich, dann in London gelebt. Dort ist Willem der Jüngere am 6. April 1707 gestorben.

Abb. 38. *Willem van de Velde d. J. Feuernder Dreimaster. Zeichnung. Berlin, Kupferstichkabinett.*

In dem Erlass von 1674, durch den die englische Admiralität angewiesen wurde, den beiden van de Veldes je einhundert Pfund Gehalt auszusetzen, wird bestimmt, die Aufgabe des Vaters sei, Zeichnungen von Seeschlachten aufzunehmen und auszuführen, die des Sohnes, die genannten Zeichnungen in Farben zu setzen für des Königs persönlichen Gebrauch. Damit ist im Kern die Verschiedenheit ihrer Arbeitsweise klar ausgedrückt. Der alte Willem war mit sich zufrieden, wenn man auf seinen großen Federzeichnungen jede Einzelheit der prächtigen Schiffe erkennen, die Bedeutung jedes Taues, die Befestigung jeder Rahe und jedes Segels nachprüfen und aus der Stellung der Schiffe, der Anordnung der Segel den Verlauf des Kampfes oder die Lage der ankernden, aufbrechenden, einfahrenden Fahrzeuge ersehen konnte. Für die Darstellung des Wassers begnügte er sich mit einer immer wiederkehrenden Art kleiner zackiger oder geschwungener Wellen, und für die Wolken stand ihm eine bequeme Manier zur Verfügung. Für seinen Sohn ist alles gewandelt. Auch er freut sich an den Schiffen und studiert sie bis ins Einzelne, aber es kommt ihm außerdem darauf an, den lebendigen Eindruck festzuhalten. Er fasst die Dinge malerisch auf, scheut sich nicht, die Linien der Taue zu unterbrechen, Einzelheiten wegzulassen. Man muss seine Zeichnung wie den feuernden Dreimaster im Berliner Kupferstichkabinett (Abb. 38) mit ihren ganz frei in Punkten und Flecken sich lösenden Federstrichen neben eine der Arbeiten des alten Willem legen, um zu erkennen, dass eine neue Anschauungsweise vorliegt. Kein Tau, keine Planke ist im Einzelnen durchgezeichnet; die Luken des großen Schiffes werden durch kurze Striche angedeutet. Nicht darauf kommt es an, die Fahnen in ihren Umrissen zu verfolgen, sondern darauf, das Flattern des Tuches in unzusammenhängenden Linien zu erfassen. Alles scheint in Bewegung und Schwankung geraten zu sein. Es ist eine Darstellungsweise, die wir heute impressionistisch nennen würden. Damit ist aber das Neue noch nicht erschöpft. Es kommt Willem van de Velde dem Jüngeren darauf an, seine Kompositionen in Licht und Schatten aufzubauen, Hell und Dunkel in großen Flächen zu verteilen. Auch das ist bereits an seinen Zeichnungen zu erkennen, die häufig, wie etwa die »Schiffe auf ruhiger See« des Berliner Kupferstichkabinetts (Abb. 40), von vornherein in Tuschelagen ange-

Abb. 39. Willem van de Velde d. J. Starke Brise. Amsterdam, Rijksmuseum.

legt sind und, als entscheidendes künstlerisches Mittel, den Wechsel von Schwarz und Weiß mit feinen grauen Zwischentönen aufweisen. Bei den Blättern, auf denen am entschlossensten bei abkürzender Zeichnung das Helldunkel um seiner selbst willen und nicht nur zur Verdeutlichung der Gegenstände verwendet ist (Abb. 41), kann man nicht umhin, an Rembrandt zu denken. Sicher hat der große Meister der Amsterdamer Malerschule auf Willem, wie auf fast jeden dieser Generation seine Wirkung ausgeübt. Wie ein Segelboot mit wenigen ganz unregelmäßigen Strichen verdeutlicht ist, wie allein aus abkürzenden Flecken die Schiffe sich aufbauen ist ohne Rembrandts Vorgang nicht denkbar. Gegenüber der kupferstecherartigen Weise des alten Willem, der seine Federstriche in regelmäßigen Lagen und Netzen ordnete, um Rundung der Schiffskörper, Schwellung der Segel durch Licht und Schatten zu verdeutlichen, bedeutet des Sohnes Art etwas ganz Neues. Sein Schaffen beschränkt sich aber nicht auf die Darstellung von Schiffen. Er möchte die See selbst erfassen mit ihrer bald glatten, bald gekräuselten oder wogenden Oberfläche, den Himmel mit geballten Wolken und vor allem die Luft, die über die Meeresfläche streicht. Ja, noch mehr: Ihn fesselt der Wechsel der Beleuchtung, der von der Morgendämmerung bis zum Sonnenuntergang das Gesicht der Meeresfläche, die Farbe des Himmels und der Wolken verändert. Von den unendlichen Kombinationen, die Tageszeit und Bewölkung, Windstärke und Luftdichtigkeit ergeben, sucht er immer wieder andere darzustellen. Er hätte kein Schüler Simon de Vliegers, kein Sohn seiner Zeit sein dürfen, wenn ihn nicht vor allem die atmosphärischen Ereignisse gefesselt hätten.

Die frühesten datierten Gemälde Willems, die wir kennen, stammen aus dem Jahre 1653. Zum Teil verraten sie noch deutlich den Einfluss Simon de Vliegers in dem feinen lichtgrauen Gesamtton; bei anderen beginnt schon eine mehr farbige Gestaltung. Das gilt besonders von der »Ruhigen See« des Budapester Museums (Abb. 42), die die Bezeichnung »velde de Jonge 1653« trägt. Das Budapester Bild ist noch etwas ängstlich gemalt, wie es bei dem gerade zwanzigjährigen Künstler kaum anders zu erwarten ist. Der Bildaufbau mit dem großen parallel zur vorderen Bildebene gestellten Schiff im Mittelgrunde ist nicht gut abgewogen. Das Ganze hat keine Tiefe,

Abb. 40. Willem van de Velde d. J. Schiffe auf ruhiger See. Zeichnung. Berlin, Kupferstichkabinett.

und es fehlen die später auftretenden malerischen Lichtgegensätze. Bezeichnend ist, dass der Vordergrund, immer der schwierigste Teil eines Seebildes, noch nicht voll bewältigt ist. Der junge Willem ist aber nicht lange auf dieser Stufe stehengeblieben. Es gibt Bilder mit demselben Datum, die bereits freier und malerischer sind, und wenige Jahre später ist alle Unsicherheit endgültig überwunden. Die 1657 entstandene »Stille See« der Londoner National Gallery (Abb. 43) zeigt seinen Stil voll ausgebildet. Über der ruhigen Wasserfläche steigt der Himmel hoch empor. Riesige, sonnenbeschienene Wolkenmassen türmen sich vor blauem Himmel auf. Man blickt tief in die Luft hinein und schweift weit über das Meer bis an den kaum mehr zu erkennenden Horizont. Die Schiffe und Boote sind so verteilt, dass das Auge immer wieder in die Ferne geführt wird. Vom Heck gesehen segelt ein kleines Boot auf den großen Dreimaster zu, der quergestellt den Blick auffängt, ohne ihn festzuhalten, da weiter links andere Fahrzeuge sich hintereinander verschieben und rechts die freie Meeresfläche sich anschließt, nur gegen den Rand belebt von weiteren bis in die neblige Ferne in wechselnden Abständen verteilten Schiffen. Warmes Sonnenlicht lässt die schneeweißen Segel bald aufleuchten, bald im Schatten ergrauen und dunkel dehnen sich unter ihnen die breiten, schweren Schiffsleiber aus.

Abb. 41. Willem van de Velde d. J. Kriegsschiff und Boote. Berlin, Kupferstichkabinett.

Abb. 42. Willem van de Velde d. J. Ruhige See. 1653. Budapest, Museum der bildenden Künste. Aufnahme F. Hanfstaengl, München.

Abb. 43. Willem van de Velde d. J. Stille See. 1657. London, Nationalgalerie.

Die Ausmaße des beschriebenen Bildes sind merkwürdig; bei einer Breite von rund sechzig Zentimetern ist es rund fünfzig Zentimeter hoch. Das Format nähert sich dem Quadrat. Nur so konnten zugleich die Erstreckung der Meeresfläche und die Erhebung des Himmelsgewölbes wirksam zum Ausdruck gebracht werden. Und da eben dieses Problem den Künstler immer wieder beschäftigt, hat er häufig nahezu quadratische Abmessungen gewählt. Die Verteilung der Schiffe, das Verhältnis von Meeresfläche und Himmel zueinander ist dabei immer ähnlich. Links und rechts nahe dem Bildrand werden einzelne oder zu Gruppen zusammengeschlossene kleinere Schiffe angeordnet, weiter zurück erscheinen andere in verschiedenen Abständen. Ist der Schauplatz in der Nähe des Ufers, so werden auch menschliche Figuren in der Weise angebracht, dass sie die Tiefenwirkung unterstützen. Bei der »Ruhigen Küste« der Londoner Nationalgalerie (Abb. 44) sollen die Fischer, die im seichten Wasser waten die Badenden, die sich zwischen einem Boot und einer Sandbank tummeln, schon im Vordergrund Maßstäbe für die Abschätzung der Entfernung abgeben. Dass sie außerdem Leben und Bewegung in das Bild bringen, vereinigt sich aufs glücklichste mit diesem Zweck. Immer ist darauf gesehen dass das Auge an keinem Gegenstand haften bleibt, sondern weiter nach dem Horizont schweifen muss, nicht nur in der Mitte, sondern auch an den Bildrändern. Entscheidend ist dabei, wie die vorderen Boote angeordnet sind. Bei dem kleinen Hamburger Seestück (Abb. 49) sind sie alle so gestellt, dass sie, in Verkürzung gesehen, den an ihren Bordrändern entlang gleitenden Blick in die Ferne lenken. Ihre Rolle ist hier bereits folgerichtiger erfasst als bei dem Londoner Bild. Diese früh gefundene wirkungsvolle Art des Bildaufbaus hat jedoch Willem nicht verleitet, bei ihr stehen zu bleiben. Er sucht nach immer neuen Anordnungen, die die gleichen Wirkungen versprechen.

Abb. 44. Willem van de Velde d. J. Ruhige Küste. 1661. London, Nationalgalerie. Aufnahme F. Hanfstaengl, München.

Vergleicht man die »Leichte Brise« des Amsterdamer Museums (Abb. 50) mit dem besprochenen Bilde, so ergibt sich, dass die Führung in die Ferne hier in Zickzacklinien erfolgt, die das Auge zwingen ihnen in lebhafter Bewegung zu folgen. Das dient aber nicht nur der Raumgestaltung. Es ist nicht die ruhige See in warmer Beleuchtung mit ankernden oder sanft dahingleitenden Booten Gegenstand der Darstellung, sondern das bewegtere Element bei auffrischendem Wetter. Die Segler neigen sich unter dem Druck des Windes, ein kleines Boot tanzt auf den Wellen und an den Rahen des großen Dreimasters schwillt die Leinwand. Dieser leichten Unruhe des Ganzen entsprechen die Kompositionslinien; sie geben ihr die künstlerische Ausdeutung.

Abb. 45. Willem van de Velde d. J. Strandbild. Amsterdam, Rijksmuseum. Aufnahme F. Bruckmann A.-G., München.

Ganz anders ist dann wieder die Aufgabe, die die »Reise Karls II. von England nach Delft«, in der Haager Galerie stellt (Abb. 46). Offenbar handelt es sich hier um ein Hafenbild. Der Vordergrund ist von zahlreichen Schiffen verschiedenartiger Größe erfüllt. Sie liegen Bord an Bord. Kähne fahren auf und ab, bringen Passagiere an Land, nehmen Waren von den eingelaufenen Fahrzeugen mit, verproviantieren die zur Abfahrt bereiten. Es ist ein lebhaftes Hin und Her der Seeleute, die

Abb. 46. Willem van de Velde d. J. Reise Karls II. von England nach Delft, 1660. Haag, Gemäldegalerie. Aufnahme F. Bruckmann A.-G., München.

an der Reling stehen, der Fischer und Händler, die um ihre Ware feilschen. Der Vordergrund des Gemäldes ist bis an die seitlichen Bildränder gefüllt. Und doch hat das Bild Tiefe, atmet es frei. Denn Licht und Luft umspielen die schlaffen Segel, dass sie sich in fein abgewogenen Farbtönen hintereinander verschieben und der Mastenwald sich im Raum ausdehnt. Dazwischen ergeben sich Ausblicke in die Ferne, wo immer kleiner in den Abmessungen immer zarter im Ton sich Schiff hinter Schiff verliert, bis ganz weit in der Ferne alles im Dunst ertrinkt. Überall sind diese Durchblicke angebracht, in der Mitte, innerhalb der Gruppen, vor allem aber auch sehr wirkungsvoll am linken Bildrand, wo man noch ganz fern einzelne Segel auftauchen sieht. Selbst diese Anhäufung von Booten wird zu einer Darstellung des Meeres.

Abb. 47. *Willem van de Velde d. J. Die Eroberung des Royal Prince, 1666. Amsterdam, Rijksmuseum. Aufnahme F. Hanfstaengl, München.*

Willem van de Velde hat dies lebendige Meer gekannt. Er belauscht sein Leben, wie es sich im Wechsel der Beleuchtung unter dem Einfluss des Windes und der Wolken, der bald kühlen, bald warmen, bald klaren, bald dunstigen Luft gestaltet. Durch das sanfte Licht, das die

*Abb. 48. Willem van de Velde d. J. Der Hafen von Amsterdam. 1686. Amsterdam, Rijksmuseum.
Aufnahme Braun & Co., Dornach i. E.*

durchwärmte Luft über der stillen Wasserfläche erfüllt, entstehen auf dem Hamburger Bild (Abb. 49) jene tiefen braunen Töne, jene Stimmung friedlicher Ruhe, die der Witterung entspricht; wie zwangsläufig, aber wohlberechnet entspricht ihr die Stille auf den Booten. Zu kühlen grauen und weißen Tönen zwingt der Wind auf der »Leichten Brise« in Amsterdam (Abb. 50). Bei klarer Luft liegt grell das Licht auf den beleuchteten Teilen, Wolkenschatten von stahlgrauer Farbe fallen auf den Vordergrund, messerscharf hebt sich rechts die ferne Küste vom Himmel ab. Stellt man daneben als drittes Bild die »Starke Brise« des Amsterdamer Rijksmuseums (Abb. 39), so ergeben sich nochmals neue Fragestellungen. Über die Sonne ist eine Wolke gezogen, sodass die ganze Meeresfläche in farblosem Schatten daliegt, aus dem nur die Schaumkämme der kurzen, sprühenden Wellen herausleuchten. Der Wind peitscht das Wasser, zerrt an Segeln und Fahnen, treibt die Wolken vor sich her. Selbst die große Fregatte beginnt zu schwanken und die kleinen Beiboote versinken in den Wellentälern. Deutlich kommt das Schlingern und Rollen der Fahrzeuge in den divergierenden Linien der Masten zum Ausdruck. Die Macht des Windes, mit dem die Schiffer zu kämpfen haben, wird künstlerisch ausgeprägt in der Regellosigkeit, mit der die Schiffe über die Meeresfläche verteilt sind, in den Überschneidungen der Segel und Schiffskörper, die keinen Gesamtumriss für sich bestehen lassen. Künstlerische Form und Naturschilderung decken sich auch hier in überzeugender Weise.

Durch das zweite Viertel des siebzehnten Jahrhunderts herrscht in der holländischen Malerei der Stil der farblosen Tonigkeit. Eindringliche Beschäftigung mit den Fragen der Lichtführung, der Luftperspektive, der malerischen Raumgestaltung hat bei den Künstlern um diese Zeit das Interesse an der Farbe und der Zeichnung zurückgedrängt. Nun, da um die Jahrhundertmitte das Ziel erreicht ist, alle malerischen Bestrebungen selbstverständlich geworden sind, macht die Farbe wieder ihre Rechte geltend. Wir können das bei fast allen Künstlern beobachten, sowohl bei Rembrandt, der beginnt, in seine Helldunkelbilder Flecken von leuchtender Lokalfarbe hineinzusetzen, wie bei den Genremalern und Landschaftern. Schon in Simon de Vliegers letzten Bildern setzt ein Umschwung in dieser Richtung ein. Willem van de Velde der Jüngere ist bereits ganz von dem Streben beherrscht, tonige Gesamthaltung mit farbiger Belebung zu verbinden. Bei manchem der erwähnten Bilder klingt das an, wenngleich die Farben noch unauffällig sich in der bräunlich-grauen Skala bewegen. Sehr deutlich wird das neue Streben in dem Salutschuss des Berliner Kaiser-Friedrich-Museums (Abb. 53). Von der grauen Meeresfläche heben sich die golden leuchtenden Wände der großen Prunkjacht und ein gelbes Ruderboot ab. In prachtvollem Purpur ist die Heckflagge gehalten und auf allen Schiffen tauchen solche farbigen Akzente auf, dem Ganzen eine festliche Stimmung gebend. Die Wirkung ist sehr ähnlich der, die Rembrandt erreicht, wenn er auf seinen späten Bildnissen aus der Folge der braunen und grauen Töne das Gold und Rot schwerer Stoffe aufleuchten lässt. Dieses Streben nach Farbigkeit nimmt mit den Jahren bei Willem van de Velde immer mehr zu und führt zu sehr prunkvollen Zusammenstellungen, besonders wenn es sich darum handelt, im Auftrag großer Herren deren Flotten oder Vergnügungsjachten zu malen.

Abb. 49. Willem van de Velde d. J. Seestück. Hamburg, Kunsthalle.

*Abb. 50. Willem van de Velde d. J. Leichte Brise.
Amsterdam, Rijksmuseum.*

Die meisten der bisher erwähnten noch vor der Übersiedelung Willems nach England entstandenen Gemälde sind ohne irgendwelche Nebenabsichten aus rein künstlerischem Trieb erwachsen. Es sind Schilderungen der See und des Lebens der Seeleute, wie sie der Künstler in Amsterdam und dessen Umgebung täglich beobachten konnte. Er mag oft auf das Y, jene geschützte Bucht der Zuiderzee, die einen natürlichen Hafen bildet, hinausgefahren sein, wenn die Fischerboote aussegelten oder reich beladen heimkehrten, wenn die Flotten der

Handelskompagnien Anker warfen oder die Segel zu neuen Fahrten in ferne Länder setzten. Häufig mögen ihn Reisen nach anderen Hafenstädten seiner Heimat, nach den Fischerdörfern an der Zuiderzee und an das offene Meer geführt haben; es gibt Ansichten von Dordrecht und Goeree, von Texel und Scheveningen. Gelegentlich hat er auch den Strand bei Scheveningen gemalt (Abb. 45) mit seinen Dünenketten, über die die Häuser des Ortes hinüberblicken, und den weithin sich erstreckenden Sandflächen des Ufers. Die Figürchen, die sie beleben, setzte dann wohl auch sein Bruder Adriaen in seiner frischen und zierlichen Art hinein.

Abb. 51. Willem van de Velde d. J. Bewegte See. 1690. Wien, Gemäldegalerie der Akademie der bildenden Künste.

Willem van de Velde den Jüngeren fesselte das friedliche Treiben der Seeleute mehr als die Seeschlachten, die sein Vater immer wieder zu schildern unternahm, und es gab ihm bessere Gelegenheit, das Landschaftliche, Unhistorische des Seebildes zur Ausprägung zu bringen. Sicher fand er auch Liebhaber, die seinen Absichten Verständnis entgegenbrachten und seine Werke um ihres künstlerischen Wertes willen kauften. Mit diesen Einnahmen allein aber konnte er nicht seinen Lebensunterhalt bestreiten. Es mussten große Aufträge dazu kommen und diese waren nur zu erlangen, wenn er sich bequemte, wichtige Ereignisse zu schildern, berühmte Kriegsfahrzeuge und große Überseeschiffe porträtmäßig wiederzugeben. Schon in Amsterdam hat er Derartiges gemalt, wie die 1658 gegen Portugal abgeschickte Flotte des Admirals de Ruyter, die bei Texel 1665 versammelten Schiffe des Admirals van Obdam oder die Einschiffung Karls des Zweiten im Jahre 1660 und seine Ankunft in Dover. Aber auch Seeschlachten waren zu schildern, wie die bei Solebay im Juni 1672, die er mehrfach gemalt hat. Wiederholt hat er die Eroberung des englischen Admiralsschiffes »The Royal Prince«, eine der meistgefeierten Ruhmestaten der niederländischen Flotte in der viertägigen Seeschlacht von 1666, verherrlicht (Abb. 47). Es ist der Augenblick, da das stolze Schiff mit dem königlichen Wappen von England am Spiegel die Flagge streichen muss. Man sieht deutlich, dass der Koloss manövrierunfähig geworden ist; der Wind fährt von vorn in die von Schüssen zerfetzten Segel, die Mannschaft verharrt untätig an Deck bis auf den Matrosen, der am Hauptmast emporgeklettert ist und grade die Fahne herunterholt. Ringsum sind nur Schiffe mit der niederländischen Trikolore zu sehen, die den »Royal Prince« von den anderen Engländern abgeschnitten haben. Es stoßen Boote ab, um das kampfunfähige Schiff in Besitz zu nehmen. Das eine hat schon an der Breitseite angelegt; die Mannschaften klettern an Bord. Rechts vorn hält eine Galliot, untätig wartend, genau wie auf den Zeichnungen des alten Willem die seinige, die er so gern mit anbrachte, um seine Anwesenheit bei einem wichtigen kriegerischen Ereignis der Nachwelt zu überliefern. (Vgl. Abb. 35.)

Es erhebt sich die Frage, ob Willem der Jüngere, wie sein Vater, bei solchen Ereignissen anwesend war und wie jener an Ort und Stelle Skizzen und Eindrücke sammelte. Es ist durchaus möglich, dass der Vater ihn mitgenommen hat, wenn er eine Galliot zu seiner Verfügung hatte. Sicher überliefert aber ist nichts Derartiges; wenn in späterer

Abb. 52. Willem van de Velde d. J. Der Sturm. Amsterdam, Rijksmuseum. Aufnahme F. Bruckmann A.-G., München.

Zeit berichtet wird, der jüngere Willem sei den Flotten gefolgt, so handelt es sich wohl immer um eine Verwechslung mit dem alten. Aus der Tatsache, dass der Sohn gelegentlich Seeschlachten malte, kann man jedenfalls nicht schließen, dass er an ihnen teilnahm, denn es standen ihm ja die genauen Aufnahmen zu Gebote, die der Vater mitbrachte; beide haben überliefertermaßen zusammen gearbeitet. Das gilt auch für die englische Zeit, ja hier scheint sogar der Wortlaut der Ernennungsurkunde dafür zu sprechen, dass der Sohn zu Hause auf Grund der väterlichen Zeichnungen seine Gemälde ausführen sollte. Gerade aus der englischen Zeit sind übrigens nur wenige Bilder erhalten, die sich auf bestimmte Ereignisse deuten lassen, wie die Ankunft Wilhelms des Dritten in London im Jahre 1677 und seine Einschiffung bei Brielle im Jahre 1688.

Abb. 53. Willem van de Velde d. J. Der Salutschuss. 1666. Berlin, Kaiser-Friedrich-Museum.

Mitten in diese Zeit gehört die 1686 datierte große Ansicht des Y bei Amsterdam (Abb. 48), ein Riesenbild von über drei Metern Breite, das das Gewirr der Masten und Rahen das ganze lebhafte Treiben im Hafen ausgezeichnet wiedergibt. Inmitten kleinerer Fahrzeuge, von denen eines einen Salutschuss abgibt, ankert ein großer Ostindienfahrer. Boote mit Neugierigen umkreisen ihn. Hinter dem Mastenwald erblickt man die Umrisse der Stadt. Das Bild legt die Vermutung nahe, dass Willem damals für kurze Zeit in die alte Heimat zurückgekehrt sei.

Die Zeit des englischen Aufenthaltes gab wohl kaum Gelegenheit zur Darstellung großer Seeschlachten. Der Jahrzehnte dauernde, immer wieder aufgenommene Kampf zwischen England und den Niederlanden um die Seeherrschaft war friedlich beigelegt worden und die Nachfrage nach den Schilderungen vergangener Ruhmestaten versiegte allmählich. Dagegen mag Willem gelegentlich eine Seeschlacht ohne bestimmte historische Bedeutung gemalt haben. Die meisten seiner Bilder aus der englischen Zeit sind aber wie die früheren friedliche Darstellungen, und wenn noch ein Kanonenschuss fällt, so ist er nur ein Gruß, mit dem eine Fregatte dem Heimathafen oder einer befreundeten Flotte huldigt.

Im Ganzen gilt, dass die Gemälde der Spätzeit hinter denen der Frühzeit zurückstehen. Die großen Repräsentationsbilder, von denen englische Galerien und Schlösser, wie besonders Hamptoncourt, viele enthalten, haben Willem nicht gereizt, sein bestes Können einzusetzen; sie sind oft trocken und langweilig in der mühsamen Schilderung von Einzelheiten der gezwungenen Aufreihung der Schiffe. Aber auch die Bilder, die er in dieser Zeit ohne Bindung an historische Tatsachen malte, zeigen ein Nachlassen der malerischen Qualitäten. Die feinen Mitteltöne verschwinden, das Licht setzt sich hart von den Schatten ab, die ihre Durchsichtigkeit verlieren. Die Farbe büßt an Wärme und Leuchtkraft ein, wird bunt und sogar krass. So fehlt die Harmonie, die selbst die bewegtesten Schilderungen der Amsterdamer Zeit beherrscht, und es fehlt die Frische des Naturerlebnisses, die die Jugendarbeiten und die des Mannesalters aufzuweisen haben. Bezeichnend für die spätere Zeit ist »Der Sturm« des Amsterdamer Museums (Abb. 52). Die Lage der mit Wind und Wellen kämpfenden Fregatte ist klar geschildert. Schon ist die Spitze des Hauptmastes gebrochen und das ganze Schiff ein Spielball der Wellen geworden, die ihren Gischt bis über die Bordwände emporschleudern. Drohend stehen riesige, zerfetzte Wolken am Himmel, die Luft mit Regen und Dunkelheit füllend, dass der Fernblick verschwindet. Zwangsläufig ergaben sich hier für den Bildaufbau die Diagonalen der großen Welle vorne, der hellen Wolke, des Schiffskörpers und der Masten. Wie sich diese Linien stoßen und gegeneinander stellen, bestimmt den Eindruck der Unruhe und der Not, der dramatischen Situation, wie sie Willem van de Velde in der Spätzeit liebte.

Das Ganze ist aber hart und wirkt fast zu illustrativ, trotz aller Kunst in Bildaufbau und Malerei. Auch das 1690 datierte kleine Bild der Akademiesammlung in Wien (Abb. 51) zeigt sehr deutlich die übertreibende Art der Spätzeit. Auf bewegtem Wasser sind Segelboote und Kriegsschiffe in der auch früher angewandten Weise verteilt, aber statt der in Übergängen verlaufenden Abtönung der Wasserfläche sind unvermittelt helle und dunkle Streifen aneinandergereiht. Die Schatten setzen sich scharf gegen die Lichter ab und grell stehen die gelbroten Wolken vor dem dunkelblauen Firmament. Diese Art zeigen auch deutlich die »Fischerboote im Sturm« in der Sammlung Johnson in Philadelphia. Sie dringt schließlich selbst dort durch, wo die ruhige See mit ankernden Schiffen zu schildern ist (Abb. 54).

In Willem van de Velde spiegelt sich deutlich die Entwicklung eines halben Jahrhunderts holländischer Malerei. Ausgehend von der tonigen, farblosen Haltung, die bis zur Jahrhundertmitte herrschte, erobert er sich die Farbe wieder, die in den fünfziger und sechziger Jahren in immer schöneren, volleren Zusammenstellungen angebracht wird, ohne dass die Feinheit des Tones, die Wandlungsfähigkeit des Lichtes darunter leidet. Seit der Übersiedelung nach England macht sich der Umschwung geltend, der etwa seit dem Tode Rembrandts in der niederländischen Malerei einsetzt. Es wird auf den dramatischen Effekt mit lauten Mitteln hingearbeitet. Eine gewisse Härte und Buntheit ist nicht mehr zu vermeiden. Jener Zeit hat diese Art sicher einen Fortschritt bedeutet; sie entsprach der allgemeinen Geschmackswandlung. Uns erscheint sie als ein Abstieg.

Willem van de Velde ist nicht der einzige Seemaler seiner Zeit, aber man darf ihn zu den Besten rechnen, wenngleich die etwa gleichaltri-

Abb. 54. Willem van de Velde d. J. Kriegsschiffe vor Anker. 1707. London, Wallace-Collection.

gen Jan van de Capelle und Jakob van Ruysdael ihn meist übertroffen haben. Für alle Seemaler dieser Zeit gilt aber eine Beschränkung: Sie können sich das Meer nicht unbelebt denken; immer gehören Schiffe oder Boote auf die weite Fläche, stets teilt sich das Interesse zwischen dem Menschenwerk und der Natur. Das Meer ganz um seiner selbst willen zu malen, die Schönheit der unbelebten, sich selbst überlassenen Natur zu erfassen, diese Entdeckung blieb dem neunzehnten Jahrhundert vorbehalten.

Adriaen van de Velde

Derselben Stufe, die Willem van de Velde der Jüngere in der Seemalerei vertritt, gehört sein jüngerer Bruder Adriaen als Landschaftsmaler an. Aber er ist vielseitiger. Er beherrscht nicht nur die Landschaft ganz, sondern ist ebenso sehr Tiermaler und zeichnet mit Meisterschaft menschliche Gestalten (Abb. 55), sodass er gelegentlich sogar religiöse und mythologische Stoffe, Bildnisse und Sittenbilder in Angriff nehmen kann (vgl. die Zeichnung Abb. 60).

Adriaen van de Velde ist 1636 in Amsterdam geboren wo er am 30. November in der Ouden Kerk getauft wurde. Aus seiner Kindheit erzählt der Künstlerbiograph Arnold Houbraken, dass er die Finger nicht von den Pinseln und Farbtöpfen seines Bruders lassen konnte, Tische und Wände bekleckste und einmal auf die Bretter seines Bettes eine Bäuerin ganz vortrefflich gemalt habe. Er scheint eine stille und entschlossene Natur gewesen zu sein, die ihren eigenen Weg gehen musste; so lehnte er die Seemalerei, die sein Vater und sein Bruder betrieben, ab. Nachdem er beim Vater das Zeichnen gelernt hatte, tat dieser ihn zu Jan Wijnants, dem Haarlemer Landschaftsmaler, in die Lehre. Der alte Willem muss ein sorgsamer Vater gewesen sein; denn für seine beiden Söhne wählte er mit Umsicht Lehrer unter den berühmtesten und tüchtigsten Künstlern der Zeit. Wijnants hat sich des begabten Schülers mit Liebe angenommen und die bald geschlossene Freundschaft der beiden hat ihr Leben lang gedauert. In Haarlem soll Adriaen auch Philipp Wouwerman begegnet sein und gelegentlich seine künstlerischen Ratschläge gehört haben.

Nach der üblichen Lehrzeit kehrt Adriaen in seine Vaterstadt zurück; er macht sich selbständig und heiratet mit zwanzig Jahren ein Mädchen aus Amsterdam. Zahlreiche Kinder werden geboren und katholisch getauft, da die Mutter sich zum alten Glauben bekennt. Des Mannes Verdienst ist so spärlich, dass die Frau durch einen Leinenhandel zum Unterhalt beitragen muss. Es fehlt auch sonst nicht an Sorgen und Leid; drei der Kinder sterben nach wenigen Jahren; auch Adriaen selbst scheint nicht allzu kräftig gewesen zu sein. Bereits 1672, kurz nach vollendetem fünfunddreißigsten Jahr, ist er gestorben und am 21. Januar in der Nieuwen Kerk beigesetzt worden, woraus hervorgeht, dass er selbst zum Katholizismus übergetreten war. Das lässt sich auch noch aus einem anderen Umstande schließen. 1664 malte er für die Amsterdamer katholische Kirche am Spinnhaussteg eine Passionsfolge, die sich heute im Pfarrhaus der Augustinerkirche »de Ster« befindet. Das ist aber eine Gelegenheitsarbeit, die deutlich genug verrät, dass die Aufgabe für ihren Schöpfer eine ungewohnte war.

Adriaens kurzes Leben ist von Arbeit und Mühe erfüllt gewesen. Die Zahl der Gemälde, die er hinterlassen hat, ist für die Spanne von etwa achtzehn Arbeitsjahren erstaunlich groß. Man kann heute noch über vierhundert nachweisen. Dazu kommt, dass er zahlreichen Künstlern Figuren in ihre Landschaften malte, angefangen von seinem Lehrer Wijnants bis zu Jakob van Ruijsdael und Meindert Hobbema, Jan van der Heijden und Frederik Moucheron, Guilliam du Bois und Jan Hackaert. Diese bescheidene Tätigkeit hat Adriaen wie alles, was er angriff, mit Sorgfalt und ungewöhnlichem Geschmack ausgeübt (Abb. 60). Die Sicherheit, mit der er sich dabei in die Stimmung und Komposition der ihm übergebenen Bilder einlebte, hat manchen Künstler, der selbst sehr wohl Figuren zeichnen konnte, veranlasst, seine Hilfe in Anspruch zu nehmen. Mancher hat auch dabei gelernt und sich daran gewöhnt, selbst in Adriaens Art seine Gemälde zu staffieren. So hat er in dieser scheinbar belanglosen, aber bei dem Nachdruck, den man im siebzehnten Jahrhundert auf die Belebung der Landschaft legte, durchaus wichtigen Aufgabe, schulbildend gewirkt.

Es wird berichtet, dass Adriaen ein fleißiger und ordentlicher Mann gewesen sei, ganz verschieden hierin von seinem liederlichen Vater; angesichts seiner umfangreichen Tätigkeit möchte man auch nichts anderes annehmen. Künstlerisch steht er höher als irgendeines der bisher behandelten Mitglieder der Familie. Als Landschafter hat ihn mancher Zeitgenosse übertroffen, als Tiermaler kann sich keiner außer Paulus Potter mit ihm messen. Auf beiden Gebieten ist er Meister. Vor allem aber versteht er es, Landschaft und Staffage so glücklich

Abb. 55. Adriaen van de Velde. Stehender junger Mann. Zeichnung. Berlin, Kupferstichkabinett.

zu verbinden, dass stets ein einheitliches, geschlossenes Kunstwerk zustande kommt. Nur gelegentlich hat er sich auf das Gebiet des reinen Sittenbildes begeben, dann aber auch mit erstaunlichem Erfolge. Das »Trinkende Mädchen« der Dresdner Gemäldegalerie (Abb. 58), das er mit seinem vollen Namen und der Jahreszahl 1662 bezeichnet hat, ist ausgezeichnet in der Beobachtung des Modells und seiner Haltung, sehr fein in der Folge grauer Töne und zarter Farben; es steht ähnlichen Arbeiten gleichzeitiger Sittenbildmaler in keiner Weise nach. Es ist aber vereinzelt geblieben, ebenso wie das einzige Bildnis, sein eigenes, das er gemalt hat. In Landschaften hat er mehrfach kleine Porträtgruppen gesetzt und auch in ihnen Tüchtiges geleistet.

Abb. 56. Adriaen van de Velde. Die Fähre. 1656.
Straßburg, Museum.

Abb. 57. Adriaen van de Velde. Wiese mit Kegelspielern. Zeichnung. Berlin, Kupferstichkabinett.

Für die Anfänge Adriaens war es bedeutungsvoll, dass er in Haarlem und nicht in Amsterdam seine Ausbildung als Maler erfuhr. Trotz der Nachbarschaft dieser Städte unterscheiden sich die in ihnen tätigen Malerschulen immer. Ist in Amsterdam seit der Jahrhundertmitte auf allen Gebieten der Einfluss der überragenden Persönlichkeit Rembrandts darin zu spüren, dass warme Gesamthaltung und starke Lichtgegensätze zur Herrschaft gelangen, so bleibt für Haarlem stets bis zu einem gewissen Grade kühle Färbung und eine gleichmäßige Helligkeit bezeichnend. Unverkennbar hat auf den jungen Amsterdamer die neue Umgebung Einfluss gehabt. Das ist seinen ersten Bildern deutlich anzusehen. Auch Beziehungen zu den Werken seines Lehrers Wijnants sind nicht zu verkennen, wenn sie gleich nicht ausschlaggebend sind. Die Art, wie er auf Bildern der fünfziger Jahre duftig und etwas spitzig die durchsichtigen Baumkronen in kleinen Tupfen und Flecken wiedergibt und helles Grün des Grases, bläuliches der Bäume zusammenstellt, erinnert an die seines Lehrers.

Adriaen van de Velde war ein frühreifer Künstler. Bereits aus dem Jahre 1654 ist ein datiertes Bild seiner Hand erhalten und eine Anzahl Radierungen und Zeichnungen trägt das Datum 1653. Zu den frühen Gemälden gehört auch die 1656 entstandene »Fähre« des Straßburger Museums (Abb. 56). Im Ganzen ist sein Stil hier noch unentwickelt. Der Bildaufbau erinnert an den Wijnants', ist aber weder sehr sicher, noch auch wirkungsvoll; er macht einen konventionellen Eindruck. Im Einzelnen jedoch ist schon alles im Keime vorhanden, was den Künstler auszeichnen sollte. Voll entwickelt ist sein Stil in der »Lichtung im Walde« des Städelschen Kunstinstituts (Abb. 59), die er mit zweiundzwanzig Jahren gemalt hat. Sie ist in der kühlen grünen Gesamthaltung und in dem gradlinigen Bildaufbau bezeichnend für die Zeit um 1658. Die Stimmung des abendlich dämmernden Waldes mit der schattigen, von einem Bach durchflossenen Wiese, auf der die Hirsche äsen, ist in ihrer Stille und Abgeschiedenheit ausgezeichnet erfasst; größte Naturnähe, schlichter Bildaufbau ergeben einen besonderen Reiz. Derartige Werke sind im Schaffen Adriaens selten, denn er verzichtet, besonders in der späteren Zeit, ungern auf die Belebung durch menschliche Gestalten. Die gleiche Grundeinstellung zeigt die »Flusslandschaft« des Berli-

Abb. 58. Adriaen van de Velde. Trinkendes Mädchen. 1662. Dresden, Gemäldegalerie. Aufnahme F. Hanfstaengl, München.

ner Kaiser Friedrich-Museums (Abb. 61). Das Ganze beherrscht die Waagerechte des fernen, sehr niedrig gehaltenen Horizonts. Parallel zu ihm gelegt sind alle Teilungen: die Ufer des Flusses, die Absätze im Gelände, die Dachlinien der spärlich verteilten Häuser. Eingebunden in diese Kompositionslinien ordnen sich die Pferde und Schafe auf der vorderen Landzunge ein. Über der Erde wölbt sich hoch der Himmel, in den vereinzelte Bäume als Verbindungsglieder zwischen den Wolken oben und dem sie widerspiegelnden Wasser unten hineinragen. Das Grün der Bäume ist ebenso kühl wie das Grau der Wolken und das Blau des Firmaments. Es geht eine Stimmung friedlicher Ländlichkeit, erdgebundener Beschaulichkeit von solchen Bildern aus, die sie entscheidend von den Werken gleichzeitiger das Melancholische oder Erregende betonender Meister wie etwa Ruijsdael unterscheidet. Denkt man an die Landschaften der vorhergehenden Generation, etwa an die eines Goyen, so wird ersichtlich, wie weit sich Adriaen van de Velde schon von ihrer Art entfernt hat. Verglichen mit der bräunlichen Farblosigkeit Goyens ist die »Flache Flußlandschaft« farbig. Das Gras ist grün, braune Dächer bedecken die Hütten, über roten Backsteinmauern erheben sich Ziegeldächer und gelblich leuchten vor blauem Himmel die Wolken. An späteren Arbeiten Adriaens selbst gemessen aber scheinen die Bilder dieser Zeit farblos.

Als Adriaen van de Velde siebzehn Jahre alt war und seine ersten Bilder malte, starb in Amsterdam der berühmteste Tiermaler des siebzehnten Jahrhunderts Paulus Potter. Adriaen mag ihm in seiner Jugend noch begegnet sein; dass er seine Unterweisung genossen habe, ist jedoch nicht anzunehmen Jedenfalls aber hat er bewundernd vor seinen Bildern gestanden und sehr viel von ihnen gelernt. Potters Gebiet ist ein beschränktes; er malt fast ausschließlich Haustiere, besonders Rinder und Schafe, die er auf der Weide und an der Tränke beobachtet. Bewusst setzt er sie in die ihnen gemäße Umgebung, die flache Polderlandschaft mit ihren fetten Wiesen und spärlichen Bäumen. Ist seine Darstellung des Landes auch nur durch das Tierbild gegeben, so gelangt er doch dazu, ihre Stimmung zu erfassen, sie als das Lebenselement des weidenden Viehs zum Sprechen zu bringen.

Abb. 59. Adriaen van de Velde. Lichtung im Wald. 1658. Frankfurt a. M., Städelsches Kunstinstitut. Aufnahme F. Bruckmann A.-G., München.

Abb. 60. Adriaen van de Velde. Die Melkerin und der Bursche. Rötelzeichnung. Berlin, Kupferstichkabinett.

Bereits die erste Radierung Adriaens, »Ruhende Hirten mit einer Kuh, Schafen und Ziegen« (Abb. 64, Bartsch, Peintre-Graveur Nr. 17), erinnert in der Art, wie sich die Tiere gegen den Himmel abzeichnen und wie sie sorgfältig beobachtet sind, an Arbeiten Potters. Jedoch ist das ein jugendlicher Versuch von unsicherer Haltung. Der Strich ist dünn und unentschieden, die Komposition nicht recht geschlossen, die Ausführung ungleich. In dem »Liegenden Stier« (Abb. 62; Bartsch Nr.2), der als ältestes Blatt zu einer Folge von zehn 1657 bis 1659 entstandenen gehört, ist die Arbeitsweise ins Gegenteil umgeschlagen. Die Zeichnung ist gar zu ausführlich geworden. Dichtgedrängte Striche bedecken den Tierkörper und den Erdboden; keine Einzelheit ist ausgelassen. So macht das Blatt einen etwas trockenen Eindruck. Stärker noch als bei der Radierung von 1653 wird man an Potter erinnert, besonders durch die Treue der Naturbeobachtung, durch die Art, wie einzelne Pflanzen durchgezeichnet sind, keine Falte, kein Muskel am Tierkörper unterdrückt ist. Die anderen Blätter der Folge sind freier gezeichnet, in größeren Linien gesehen,

Abb. 61. Adriaen van de Velde. Flache Flusslandschaft. 1658. Berlin, Kaiser-Friedrich-Museum.

ohne doch deswegen ihre Abhängigkeit von dem gleichen Vorbild zu verleugnen. Von hier aus ist Adriaen weitergegangen. Die zwölf Jahre später entstandenen Blätter von 1670 stellen sich ganz andere Aufgaben. Es kommt dem Künstler jetzt darauf an, die Tiere so zu zeichnen, wie sie sich innerhalb der Landschaft, von weicher Luft umspielt, von flimmerndem Licht umgeben darstellen (Abb. 63; Bartsch Nr.11). Er stellt sie in eine Wiese in helle Sonnenbeleuchtung, die die Umrisse der Dinge auflöst und verschwimmende Schatten, blendende Lichter über alles streut. Das glänzende Fell der Kühe, die dichte Wolle der Schafe, das zottige Haar der Ziegen wird jetzt mit ganz malerischen Mitteln wiedergegeben. So erhalten diese späten Blätter ein Leben und eine Beweglichkeit, die den frühen mit großer Sorgfalt zeichnerisch durchgeführten, aber leblosen und unbeweglichen fehlten. Sie greifen die Tierradierung dort auf, wo Potter stehen geblieben ist, und führen sie ein ganzes Stück über ihn hinaus. Ähnliche Bestrebungen findet man gleichzeitig, ja schon etwas früher bei Nikolaes Berchem und Karel Dujardin. Es ist nicht unmöglich, dass Adriaen van de Velde von ihnen gelernt hat. Jedoch hat er dann das Gelernte durchaus mit eigenem Geist gefüllt. Seine Arbeiten wirken unmittelbarer, naturnäher als die der genannten älteren Zeitgenossen, die leicht einer gewissen Routine verfallen. Adriaens späte Radierungen fangen so viel vom Leben im Freien ein, sind so erfüllt von der Atmosphäre sommerlicher Natur, dass man heute vermuten würde, sie seien auch im Freien entstanden.

Unter den Gemälden kann man einige Frühwerke zwischen 1655 und 1659 geradezu als Nachahmungen Potters bezeichnen, da sie kaum über ihn hinausgehen. In einigen Fällen nähern sie sich ihren Vorbildern so stark, dass sie stilkritisch nur schwer von ihnen zu trennen sind. Selbst noch ein Bild wie die 1659 entstandenen »Kühe auf der Weide« in der Dresdner Gemäldegalerie (Abb. 65) lässt in der Anordnung der Rinder und Schafe und in dem liebevollen Eingehen auf ihr Wesen das Vorbild erkennen. Mit größter Sorgfalt ist der Bau des Tierkörpers, seine Oberfläche bis in jede Einzelheit beobachtet, durchaus entsprechend den Radierungen dieses Jahres. Es herrscht derselbe kühle Ton wie bei Potter. Im Landschaftlichen aber ist Adriaen van de Velde reicher. Es ist ihm mehr als die Umwelt der Tiere. Er betrach-

Abb. 62. Adriaen van de Velde. Liegender Stier. 1657. Radierung.

Abb. 63. Adriaen van de Velde. Die Kuh. 1670. Radierung.

tet die Welt mit weiterem Blick und sieht größere Einheiten, ist aber anschmiegsamer und weicher als jener. Das wirkt sich in seinen Bildern so aus, dass Sicherheit und Schönheit des Aufbaus ihnen nie fehlen, aber oft Anlehnung an fremde Vorbilder sie bestimmt. Nie bleibt Adriaen in den Einzelheiten stecken, wie es Potter oft genug zustößt. Er fand den Boden vorbereitet, konnte manche Ernte einheimsen, die jener gesät hatte.

Abb. 64. Adriaen van de Velde. Hirten mit Kuh. 1653. Radierung.

Die heimische Landschaft und das Weidebild haben Adriaen van de Velde immer wieder beschäftigt. Ein Aquarell des Jahres 1662 im Berliner Kupferstichkabinett ist im Ganzen noch wie die Bilder des Jahres 1658 in langgezogenen Waagerechten aufgebaut (Abb. 66). Es hat auch die gleiche Stimmung erdhaften Friedens. In der vier Jahre später gemalten »Hirschjagd« des Städelschen Instituts schildert er wiederum das Innere eines Waldes wie in dem besprochenen Bilde derselben Sammlung (Abb. 59), jetzt aber nicht die stille, abendliche Wiese, sondern die vom Gebell der Hunde, dem Rufen der Piqueure, dem

Abb. 65. Adriaen van de Velde. Kühe auf der Weide. 1659. Dresden, Gemäldegalerie. Aufnahme F. Bruckmann A.-G., München.

Abb. 66. Adriaen van de Velde. Sommerliche Landschaft. 1662. Wasserfarbenmalerei. Berlin, Kupferstichkabinett.

ganzen Lärm der Verfolgung widerhallende, morgenhelle Lichtung (Abb. 67). Das Bild ist in einem frischen grünen Ton gehalten, der noch an die »Waldwiese« von 1658 erinnert, jedoch nicht so krass ist wie dort. Im Einzelnen aber ist es reicher in der Abwandlung der Farbe, besonders dies Grün, das in hellen und dunklen, in bläulichen, weißlichen und gelblichen Brechungen wirkungsvoll zusammengestellt ist. Und das Spiel der Lichter und Schatten hat einen Reichtum, eine Weichheit, die auf früheren Bildern fehlen. Zu den Meisterwerken des Künstlers gehört die in demselben Jahr entstandene »Farm« des Kaiser-Friedrich-Museums (Abb. 69). Gegenüber frühen Bildern ist der Bildaufbau voller geworden; wirkungsvolle Überschneidungen und Verschränkungen großer Laubmassen, mächtig aufgebaute Formen, die hoch emporragen, reizvolle Durchblicke unterscheiden die »Farm« grundsätzlich von der Waldwiese des Jahres 1658 (Abb. 59), die in schlichten Horizontalen und hintereinander gelagerten Geländestreifen aufgebaut ist. Dort stehen die Bäume wie eine Wand im Bilde, hier bilden sie Kulissen, zwischen denen sich der Ausblick in die Tiefe öffnet. Es ist, als wäre die Ansicht um einen Viertelkreis gedreht. Der Künstler hat sich an das Ende der Lichtung gesetzt, statt an ihre Längsseite. Mehr als früher beschäftigt ihn die Beleuchtung. Er lässt scharfe Sonnenflecken auf dem Boden sich gegen verschattete Stellen absetzen und beobachtet, wie hell beleuchtete Stämme und Zweige sich von jenen abheben, die im Dunkel versinken. Dabei hat das Licht eine einschmeichelnde Wärme, ist es in feinen Abwandlungen über das Bild gebreitet.

Diese Entwicklung zu reicherem, in die Tiefe entwickeltem Bildaufbau und effektvollerer und weicherer Lichtführung beherrscht das kurze Leben Adriaens. Ein Vergleich der 1663 datierten »Herde im Walde« der Haager Galerie (Abb. 72) mit den Kühen auf der Weide in Dresden (Abb. 65) führt zu ganz ähnlichen Ergebnissen. Reichbewegtes Gelände, kulissenhafte Anordnung der Bäume, Emporragen in den oberen Bildrand, Durchblick in die eingerahmte Tiefe findet sich bei der »Herde im Walde« ebenso wie bei den Bildern, die das Landschaftliche stärker betonen. Merkwürdig ist, wie der Abstand der Staffage und der vordersten Bäume vom Bildrand immer mehr abnimmt, das Auge gezwungen wird, schon hier mit seiner Wanderung in die

Tiefe zu beginnen. Besonders deutlich wird das bei der »Hütte« des Amsterdamer Museums (Abb. 68), die die Jahreszahl 1671 trägt. Sie bildet ersichtlich den Endpunkt der Reihe und lässt die entscheidende Wandlung erkennen, die der Künstler seit 1659 im Verlauf von nur zwölf Jahren durchgemacht hat.

Abb. 67. Adriaen van de Velde. Hirschjagd. 1666. Frankfurt, Städelsches Kunstinstitut.

Zu den schönsten Bildern Adriaens van de Velde gehören seine Strandlandschaften. Sie atmen die ganze Frische der Seeluft, des brandenden Meeres, der kahlen Dünen, über denen sich hoch der Himmel erhebt. Auf dem Bilde der Kasseler Galerie (Abb. 75) finden wir die auch von dem Bruder Willem gemalte Küste bei Scheveningen wieder. Über die gelblichen Dünen mit den graugrünen Flecken des spärlichen Grases und des Strandhafers ragt die Kirche des Fischerdorfes mit ihrem spitzen Helm empor. Die Flut ist im Zurückweichen, grünliche Wellen mit weißen Schaumkämmen branden auf den flachen, graugelben Sand. Städtisch gekleidete Spaziergänger ergehen sich in der frischen Luft, während ihr Wagen in die Brandung fährt. Fischer mit ihren Frauen und Kindern suchen die Küste nach den Fischen und Krabben ab, die das Wasser zurückgelassen hat. Dieses Gemälde trägt die Jahreszahl 1658, gehört also mit der »Lichtung im Walde« des Städelschen Institutes (Abb. 59) und der »Flusslandschaft« des Kaiser-Friedrich-Museums (Abb. 61) zusammen. Wieder sind die Waagerechten betont, ist der Horizont ganz tief gelegt, ein kühler Gesamtton in flüssigem Farbauftrag durchgehalten. In seiner schlichten Selbstverständlichkeit und der außerordentlich feinen Tonigkeit übertrifft es alle späteren, übrigens nicht sehr zahlreichen Strandlandschaften Adriaens. Einige von ihnen seien angereiht. Deutlich wird bei dem »Seestrand« der Haager Galerie aus dem Jahre 1665 (Abb. 71), dass der Geschmack des Künstlers sich in den dazwischen liegenden sieben Jahren gewandelt hat. Der Horizont liegt zwar noch tief, aber seine Waagerechte beherrscht nicht mehr die Komposition. Der Schuppen am linken Bildrande und die Gestalten der vor ihm versammelten Fischer ragen empor in den Himmel und bilden eine Vordergrundkulisse. Weiter zurück überschneiden der Wagen rechts und die Masten und Segel der Schiffe immer wieder die Horizontlinie. Die Stimmung der Landschaft ist ebenso meisterlich erfasst, wie auf dem frühen Gemälde, aber das Interesse wendet sich stärker den Figuren zu als dort, wo sie alle den Linien des Horizontes und der Sandfläche untergeordnet sind. Der Künstler ist näher herangerückt; die Größe der Figuren ist gewachsen. Als drittes Beispiel sei die zwei Jahre später entstandene Dünenlandschaft der Sammlung Six (Abb. 76) in Amsterdam betrachtet. Der Standpunkt ist jetzt so gewählt, dass der Horizont die Bildhöhe im Verhältnis von etwa 5 : 8 teilt, während beim Kasseler Bilde diese Zahlen 2 : 8 betragen. Die überwiegende Bedeutung des Himmels ist damit schon beseitigt. Der Blick gleitet in Absätzen aus dem Vordergrund über die nach der Bildtiefe entwickelten Teile nach der Meeresfläche. Vollends gesichert wird diese Einstellung durch die Anordnung des links und rechts ansteigenden Geländes, der Hütte am linken Bildrand und der Reihe über die Dünen emporragender Masten, die eine mittlere Lücke freilassen. Die Waagerechte beherrscht nicht mehr den Bildaufbau; er wird durch die nach den seitlichen Bildrändern ansteigenden Linien bestimmt und ist vielfältiger. Selbst bei der Darstellung des flachen holländischen Strandes und der stets von der Horizontlinie beherrschten See dringt der Wille des Künstlers zur Einführung entscheidender Richtungsgegensätze durch.

Abb. 68. Adriaen van de Velde. Die Hütte. 1671. Amsterdam.
Aufnahme F. Hanfstaengl, München.

Adriaen van de Velde hat mehrfach religiöse oder mythologische Darstellungen als Staffage in seine Landschaften eingefügt. Für den

Käufer wurden sie wohl dadurch schmackhafter, und er selbst mochte eine besondere Befriedigung darin finden, dass auch solche Stoffe ihm zugänglich waren. So hat er den »Auszug Jakobs mit seinen Herden«, die »Flucht nach Ägypten«, »Merkur und Argus mit der in eine Kuh verwandelten Io« gemalt. Schon die Aufzählung dieser Gegenstände lässt erkennen, dass sie Darstellung von Landschaften und Tieren forderten. Tatsächlich unterscheiden sie sich von seinen anderen Bildern kaum. Die Geschichte Jakobs ist recht eigentlich die Schilderung einer Viehherde mit ihrem Hirten, bei der Flucht nach Ägypten befindet sich die heilige Familie in einer mit Menschen und Tieren beladenen Fähre oder ruht bei Esel und Schafen im Freien; immer ergibt sich Gelegenheit zum Malen einer Landschaft. Ungewöhnlich ist an dem »Merkur und Argus« der Liechtenstein-Galerie in Wien (Abb. 80) nur, dass die beiden menschlichen Gestalten nicht bekleidet, sondern nackt sind. Sonst ist es wieder die gewohnte Darstellung von Kühen und Schafen in der Art der sechziger Jahre in einer niederländischen Landschaft mit Vordergrundkulissen, einem Ausblick in die Tiefe bewegten Geländes. Auf die Akte mag der Künstler aber immerhin stolz gewesen sein; er hat die ungewohnte Aufgabe gut bewältigt. Und ebenso stolz konnte er sein, wenn es ihm gelang, eine Porträtgruppe zu erfassen und in die Landschaft einzufügen wie bei dem Gemälde des Amsterdamer Museums aus dem Jahre 1667 (Abb. 79). Dargestellt ist ein reicher holländischer Bürger, der mit seinem Stuhlwagen ins Freie hinausgefahren ist, vielleicht auf sein eigenes Landgut, und sich nun an der Seite seiner Hausfrau im Grünen ergeht, während sein Söhnchen sich vergebens abmüht, den Jagdhund von einer ihn lockenden Spur wegzuziehen, und das Kindermädchen sich mit dem jüngsten Kinde auf einem Baumstamm am Wege niedergelassen hat. Die Behäbigkeit dieser Menschen, die feiertägliche Stimmung des Spazierganges kommen deutlich zum Ausdruck und die einzelnen Personen, der wohlgenährte, unternehmende Gatte, die brave, etwas spießige Frau, der frische Junge, das gepflegte Kind mit seiner sorgsamen Wärterin sind sehr bezeichnend erfasst. Sie fügen sich vollständig in die Bildkomposition ein, sind nicht etwa nur im Vordergrund aufgereiht; die Linie, die vom Hund rechts bis zur Krawatte des Manns aufsteigt, findet in dem ansteigenden Zaun links ihre Fortsetzung. Das Mädchen mit dem Kinde links hat Entsprechungen in den Stämmen der beiden Bäume auf dem Hügel, in den Pferden des Wagens, in dem Baumstumpf links am Bildrande. Es ist alles sicher verzahnt. Die Landschaft selbst ist ein gutes Beispiel für den Stil dieser Zeit mit seinen lebhaften Kompositionslinien, dem warmen Ton, der viel Braun enthält. Man muss die Flusslandschaft von 1658 (Abb. 61) daneben halten, um zu sehen, wie verschieden die beiden Stücke in jeder Hinsicht sind. Erwähnt sei in diesem Zusammenhang, dass Adriaen sich in seiner Staffage durchaus nicht auf bäuerliche Figuren beschränkt. Gelegentlich werden auch vornehme Herren, die zur Jagd ausreiten, Offiziere, die vor einem Wirtshaus einen Stegreiftrunk nehmen oder sich bei Hirten nach dem Weg erkundige, eine geputzte Gesellschaft, die einen Spaziergang macht, in die Landschaft gesetzt.

Abb. 69. Adriaen van de Velde. Die Farm. 1666. Berlin, Kaiser-Friedrich-Museum.

Abb. 70. Adriaen van de Velde. Italienische Landschaft. Zeichnung. Berlin, Kupferstichkabinett.

Immer neue Bildvorwürfe tauchen bei Adriaen van de Velde auf, wenngleich die sommerliche, von Vieh belebte Landschaft die Hauptmasse seines Schaffens bildet. Etwa seit der Mitte der sechziger Jahre tritt die winterliche Natur in seinen Gesichtskreis. Er malt die Eisfläche mit Schlittschuhläufern und Schlitten, die kahlen Bäume, das schneebedeckte Ufer. In dem Dresdner Bilde von 1665 (Abb. 74) ist es ein Stadtgraben, aus dem rechts eine Bastion mit bekrönendem Hause aufragt. Die untergehende Sonne eines klaren Wintertages streift das alte Gemäuer, wirft scharfe Lichter auf den Schnee und die Gesichter der Menschen, lässt die großen Haufenwolken in roten und gelben Tönen aufleuchten. Grau hebt sich die Reihe der winterlich toten Bäume von den farbigen Wolken ab, scharf kontrastieren die bräunlichen Mauern mit dem grellblauen Himmel. Farbenreichtum und Lichtstärke bezeichnen das Bild. In der Winterlandschaft der Londoner National Gallery (Abb. 77) hat der Künstler die weit-

Abb. 71. Adriaen van de Velde. Am Seestrand. 1665. Haag, Gemäldegalerie.
Aufnahme F. Bruckmann A.-G., München.

hin sich erstreckende Fläche überschwemmter Wiesen zum Vorwurf gewählt. Man sieht über das Eis hin bis zum Horizont. In der Ferne tauchen eine Kirche und eine Windmühle auf, links ragt ein Zelt in den Himmel. Auch hier ergibt die tiefstehende winterliche Sonne grelle Lichter und lange Schatten, lässt sie die Farben aufleuchten. Bei allen Winterbildern spielen die menschlichen Gestalten eine große Rolle. Offenbar hat die Beobachtung der Schlittschuhläufer und Golfspieler, der Spaziergänger und Schlittenfahrer den Künstler ebenso sehr gereizt, wie die Betrachtung der winterlichen Natur. Sittenbildliche und landschaftliche Elemente halten sich die Waage und sind mit solcher Klugheit zusammengefügt, dass sie sich gegenseitig stützen und steigern. Besonders die Lichtwirkung ist im stärksten Maße an die Figuren gebunden.

Abb. 72. Adriaen van de Velde. Herde im Walde. 1663. Haag.
Aufnahme F. Hanfstaengl, München.

Abb. 73. Adriaen van de Velde. Die Fähre. 1667. München, Ältere Pinakothek. Aufnahme F. Hanfstaengl, München.

Abb. 74. Adriaen van de Velde. Eisbelustigung auf dem Stadtgraben. 1665. Dresden, Gemäldegalerie.

Bei der Betrachtung, die wir am Eingang dieses Buches dem Schaffen des Esaias van de Velde widmeten, wurde festgestellt, dass die Künstler seiner Zeit um Befreiung vom Einfluss der italienischen Formengebung kämpften und den Vorwürfen aus der heimatlichen Landschaft und dem Leben des holländischen Volkes Daseinsberechtigung zu erringen suchten. Diese national holländische Kunst bleibt ein halbes Jahrhundert unbedingt herrschend. Es gehen zwar noch einzelne Künstler nach Italien, das seine Anziehungskraft nicht ganz einbüßt. Aber ihr Verhältnis zu dem fremden Lande wird ein ganz anderes als im sechzehnten Jahrhundert. Unbekümmert um die Denkmäler der Kunst wandern sie hinaus in die römische Campagna, setzen sie sich vor eine sie lockende Landschaft oder beobachten sie das Leben der Hirten und Jäger, das Treiben vor Tavernen und Hütten. Es entstehen jene italienischen Landschaften mit südländischer Staffage, die mit den Mitteln holländischer

Abb. 75. Adriaen van de Velde. Strandbild. 1658. Kassel, Gemäldegalerie.

Malkultur das fremde Leben zu erfassen suchen. Allmählich wurden solche Bilder, auf denen es so ganz andere Dinge zu sehen gab als auf den heimatlichen, in den Niederlanden beliebt. Seit der Jahrhundertmitte findet man sie immer häufiger. Meist stammen sie von Malern, die selbst im Süden gewesen waren und nach der Rückkehr ihre Studien weiter benützten. Aber auch mancher Künstler, der nie die Heimat verlassen hatte, bequemte sich der Mode und suchte sich aus Bildern und Stichen anderer sein Bild von der Welt des Südens zu machen. Zu ihnen scheint auch Adriaen van de Velde gehört zu haben. Denn neben Schilderungen der Landschaft, der Herden und Hirten Hollands findet man Gemälde, die offenbar italienische Gegenden darstellen sollen. Meist sind sie aus so verschiedenartigen Elementen zusammengesetzt, tauchen auf ihnen neben südländischen Gebäuden und Berglinien ganz nordische Bäume und Pflanzen auf, dass man kaum auf einen Aufenthalt in Italien schließen kann. Ein solcher ist auch aus den Nachrichten über das Leben Adriaens nicht zu entnehmen.

Abb. 76. Adriaen van de Velde. Meeresstrand bei Sandvoort. 1667. Amsterdam, Sammlung Six. Aufnahme F. Bruckmann A.-G., München.

Abb. 77. Adriaen van de Velde. Winterlandschaft. 1668. London, Nationalgalerie. Aufnahme F. Hanfstaengl, München.

Bereits ganz früh zeigen einige Radierungen italienische Motive. Das »Stadttor« aus dem Jahre 1653 (Abb. 84) ist ein solches. Die Form des Tores selbst, die Bauart der Häuser, die Staffage lassen darüber keinen Zweifel. Das Blatt ist ein neuer Beweis für die erstaunliche Frühreife Adriaens. Höchst wirkungsvoll in der Anwendung der Ätztechnik zur Erzielung einer kräftigen und lebendigen Schwarz-Weiß-Wirkung, gehört es zu seinen besten graphischen Arbeiten. In den fünfziger Jahren bleiben aber die italienischen Vorwürfe selten. Erst um 1660 werden sie häufiger. Meist handelt es sich um Landschaften mit Hirten und Vieh wie auf den anderen Bildern Adriaens. Nur der Schauplatz und einige Requisiten sind verändert. Es fragt sich, wie Adriaen zu dieser Bildgattung gelangt ist, die seiner ursprünglichen Art und seiner künstlerischen Herkunft so fremd ist. Man darf wohl annehmen, dass der Anstoß von Nicolaes Berchem kam, dessen Sondergebiet eben italienische Landschaften mit Hirten und Herden waren. Berchem war in seiner Jugend offenbar lange im Süden gewesen. Später wohnte er in Haarlem; seit 1660 scheint er öfters nach Amsterdam gekommen zu sein und dort gearbeitet zu haben. Adriasen van de Velde muss ihm hier wie dort begegnet sein. Der entscheidende Einfluss dürfte um 1660 anzunehmen sein. Berchems italienische Landschaften mit Campagnahirten, die auf Eseln reitend oder zu Fuß wandernd ihre Herden die Straße entlang treiben oder durch eine Furt geleiten, an altem Gemäuer oder bei einer Hütte rasten, stellen einen sehr fest umrissenen Typus dar. Das Landschaftliche ist in einem warmgoldenen Ton gehalten, lebhafte Farben der Gewänder leuchten daraus hervor, das Ganze ist von einem sanften, alle Schatten aufhellenden Licht übergossen. Der Bildaufbau zeigt große emporragende Formen, Betonung aufsteigender Linien. Es ist die Reaktion gegen die flache, unter dem Himmel versinkende Landschaft der im zweiten Viertel des Jahrhunderts tätigen heimischen Maler. Diese Reaktion ist auch in den holländischen Landschaften Adriaens van de Velde seit dem Beginn der sechziger Jahre zu spüren. Besonders deutlich tritt sie in seinen italianisierenden Werken auf.

Die »Fähre« der Münchner Pinakothek aus dem Jahre 1667 (Abb. 73) lässt zwar im Vordergrunde kaum ahnen, dass hier eine fremdländische Gegend gemeint ist. Die Gebäude des Mittelgrundes aber und die Bergkette rechts sind unverkennbar italienische Motive. Südländisch sollen auch die Trachten der Menschen in dem Boot sein, die ein merkwürdiges Gemisch verschiedenartigster Elemente zeigen, idealer und antikischer, italienischer und niederländischer. Ein sehr bezeichnendes Beispiel dieser modischen Art ist die Hirtenszene des Leipziger Museums mit der Jahreszahl 1667 (Abb. 83). Es ist ein richtiges Hirtengedicht, eine, trotz allem Realismus im Einzelnen, poetische Schilderung des sorglosen, naturhaften Lebens. An einem antiken Sarkophag hat sich eine Frau mit einem Säugling niedergelassen; oben liegt ein Bursche und führt halb lockere, halb gefühlvolle Reden, etwa wie die Personen der theokritischen Gedichte. Der Schäferhund stillt seinen Durst in einem plätschernden Bächlein, ruhig genießt das Vieh die Stille und den Frieden. Warmes Licht fällt auf die Figuren, sie aus dem Dunkel der schattigen Bäume heraushebend. Lebhafte Farben der Gewänder stehen vor dem warmen, in wechselnden Tönen gehaltenen Grün des Laubes und des Grases. In der Ferne erblickt man einen lilagrauen Berg mit gelblichen Lichtern; besonnte Wolken erheben sich vor dem weißblauen Firmament. Das ist zwar keine Campagnalandschaft, das sind keine Campagnahirten und das Vieh ist braves friesisches; doch liegt seine südländische Heiterkeit über dem Ganzen, die keinen Zweifel darüber lässt, dies sei auch nicht Holland.

Abb. 78. Adriaen van de Velde. Die Fähre. 1666. Amsterdam, Rijksmuseum.

Deutlicher ist der Schauplatz auf der »Ruine mit der Viehherde« in der Dresdner Gemäldegalerie (Abb. 81) gekennzeichnet. Eine Straße führt mitten durch die Überreste einer antiken Basilika; unter noch erhaltenem Gewölbe hat das Wasser sich gesammelt und bildet einen Bach, der den Weg durchkreuzt. Hirten mit ihren Herden, Bauern mit ihren Marktkörben ziehen gemächlich dahin. Vorne hat ein Maler mit seinem Hunde sich neben einem herabgestürzten Gebälkteil niedergelassen, um die merkwürdige Gegend in sein Skizzenbuch zu zeichnen. Ein Hirtenmädchen stutzt bei seinem Anblick, ein Schäferhund blickt misstrauisch zu dem fremden Gesellen hinüber. Friedliche Morgenstimmung lagert über dem Ganzen. Wieder ist das Licht dazu verwendet, einzelne Tiere und die menschlichen Gestalten herauszuheben. Es scheint auf den Pfeiler im Vordergrunde, an dessen Fuß der Maler sitzt, es strömt durch eine Fensteröffnung, huscht leicht über eine Mauer, dringt bis in die warme Dunkelheit der alten Bogen, legt sich auf die schattige Wasserfläche unter den brüchigen Gewölben. Hinten blickt man hinaus auf dunstige Felsen und Berge und auf große Haufenwolken, die im Sonnenlicht schimmern. Mit dieser wechselreichen Lichtführung verschränken sich die farbigen Akzente, die in den warmen gelblichen Gesamtton hineingesetzt sind; kräftiges Rot im Mantel des Malers, reines Blau im Kleide des Mädchens, gedämpftes Grau und Braun und Blau an den entfernteren Figuren. Eine ähnliche lebhafte Farbigkeit bei ähnlichem warmen Licht bezeichnet auch die »Fähre« des Amsterdamer Museums (Abb. 78). In solchen Arbeiten ist alles wie bei Berchem, nur einen Ton feiner und ausgeglichener in der Malerei und in der Stimmung zart und fast etwas schwärmerisch, als habe die Sehnsucht des Künstlers nach dem nie geschauten Paradies des Südens ihm den Pinsel geführt.

Bei dem »Ruhenden Hirten« der Karlsruher Galerie (Abb. 82) ist es wieder nicht klar, ob das eine südliche oder eine nordische Landschaft ist. Trotzdem gehört das Bild in diese Reihe, ist es als eine italienische Landschaft, als eines dieser bukolischen Bilder gedacht. Man braucht bloß die Kleidung des jungen Mannes, seine beinah elegante halbliegende Haltung, seinen Gesichtsausdruck zu betrachten. Er blickt melancholisch und untätig auf die Tiere, als beneide er sie um ihr Los und beklage seines, das ihn sentimental stimmt. Fast sollte man glauben, er traure um die verlorene Geliebte. In der Stimmung ist dieses Bild grundsätzlich verschieden von der in demselben Jahre entstandenen »Hütte« (Abb. 68) und erst recht von den »Kühen auf der Weide« in der Dresdner Galerie (Abb. 65). Hier das Landvolk bei der Arbeit und in körperlichem Ausruhen, dort ein von gesteigerten

Abb. 79. Adriaen van de Velde. Bürgerfamilie auf dem Lande. 1667.
Amsterdam, Rijksmuseum.

Gefühlen bewegter Jüngling, dem man seinen Hirtenberuf nicht recht glaubt. Das Karlsruher Bild ist eines der besten dieser Art, besonders fein im Ton und in der zurückhaltenden Farbigkeit. Ausgezeichnet hat der Maler wieder das Licht benützt, um einzelne Stellen herauszuheben. Es fällt auf die Wange des Jungen und lässt sein Profil im Halbdunkel, es gleitet über seine Hände und das angezogene Knie. Hell liegt es auf dem Hunde, den zottigen Schafen, einer braunen Kuh. Wirkungsvoll ist der Mittelgrund in Schatten gelegt, die Ferne wieder zunehmend aufgehellt. Im Laub und Kraut findet sich viel weißliches Grün, die Kleidung des Hirten hat bräunlichgraue Farben, die gewitterhaft grauen Wolken lassen nur links etwas Blau hervorscheinen. Sollte diese farbige Haltung des Bildes den Ausdruck des melancholischen Hirtenknaben widerspiegeln? Oder ist mit einer solchen Deutung doch schon etwas Fremdes in das Bild hineingedacht?

Abb. 80. Adriaen van de Velde. Merkur und Argus. 1663. Wien, Liechtenstein-Galerie. Aufnahme F. Hanfstaengl, München.

Unserer Zeit erscheinen die schlicht aufgebauten frühen Gemälde Adriaens van de Velde als seine besten Leistungen, die italianisieren-

Abb. 81. Adriaen van de Velde. Ruinen. 1665. Dresden, Gemäldegalerie.
Aufnahme F. Bruckmann A.-G., München.

den der Spätzeit als die geringeren. Unmittelbares Naturgefühl, einfache Linienführung erfreut uns an jenen, künstliche Steigerung entlehnter Motive, effektvolle Massenverteilung und Lichtführung verstimmt uns vor diesen. Der Künstler selbst wird seine Hirtengedichte vermutlich am höchsten geschätzt haben; bei seinen Zeitgenossen trugen sie ihm sicher mehr Ruhm und Erfolg ein als die heimatlichen Tierbilder und Landschaften. Nicht immer schätzt die Nachwelt das am höchsten, was der Mitwelt Fortschritt und Ausstieg bedeutet.

Abb. 82. Adriaen van de Velde. Hirte mit Herde. 1671. Karlsruhe, Gemäldegalerie. Aufnahme F. Bruckmann A.-G., München.

Abb. 83. Adriaen van de Velde. Hirtenszene. 1667. Leipzig, Museum der bildenden Künste. Aufnahme F. Bruckmann A.-G., München.

Schluss

Die Blüte der holländischen Malerei umfasst etwa die Zeit zweier Generationen; in den siebziger Jahren beginnt der Abstieg von der erreichten Höhe. Es ist als habe der Tod Rembrandts, der kurz vor der Wende zu diesem Jahrzehnt erfolgt, eine symbolische Bedeutung, als falle durch dieses Ereignis ein Schatten auf die Kunst. Was von da an entsteht, hat keinen Auftrieb mehr. Die jungen, um die Jahrhundertmitte geborenen Künstler zehren von der großen Überlieferung. Nur ganz wenigen gelingt es, sie weiterzubilden und Werke zu schaffen, die sich denen der Blütezeit an die Seite stellen können. Die malerischen Werte, denen das Ringen der Väter gegolten hatte, gehen allmählich verloren, ohne dass die Söhne Gleichwertiges an ihre Stelle zu setzen hätten. Die älteren Künstler, die solange leben, dass sich ihr Schaffen bis gegen die Jahrhundertwende ausdehnt, verleugnen, was sie in der Jugend erstrebt hatten, oder ermüden zu einer Manier. Adriaen van de Velde ist durch seinen frühen Tod vor diesem Schicksal bewahrt geblieben. Willem der Jüngere ist ihm nicht entgangen. Was er in den neunziger Jahren und nach der Jahrhundertwende geschaffen hat, hält keinen Vergleich mit seinen früheren Werken aus. Er unterliegt dem allgemeinen Schicksal der holländischen Malerei, die ihre Rolle ausgespielt hat. Die Nachkommen der Freiheitskämpfer von 1600, die Söhne der kühnen Seefahrer, die gegen England gekämpft und die Grundlagen für das Gedeihen des Landes gelegt hatten, waren behäbige und berechnende Kaufleute geworden, denen es auf hübschen Schmuck modischer Empfangsräume ankam; was sie verlangten, waren repräsentative Gemälde oder gefällige Täfelchen. Modern werden die glattgemalten, zierlichen Bildchen der Willem van Mieris und Adriaen van der Werff, die prunkenden Porträts der Constantin Netscher und Mattheus Terwesten, die klassisch gerichteten Historien der Hoet und Lairesse. Am längsten hält sich außer dem bäurischen Sittenbild noch die heimische Landschaftsmalerei, wenngleich auch hier dekorative Wirkung an die Stelle der naturnahen, stimmungsvollen Beseeltheit tritt. In Landschafts- wie Figurenmalerei dringt der Einfluss des französischen Klassizismus der Poussin und Claude Lorrain ein und verwischt die heimische Tradition. Unverkennbar ist dieser Einfluss bei Landschaftsmalern wie Jan Glauber und Isaak Moucheron. Erst mit der ebenfalls von Frankreich ausgehenden Kunst des Rokoko, die ihrerseits an niederländische, vornehmlich an südniederländische Tradition anknüpft, kommt ein neuer Auftrieb nach Holland. Aber was aus ihm erwächst, bleibt doch immer noch provinziell, trotz mancher schönen Einzelleistungen, an denen alte holländische Neigung zu feintoniger, zartfarbiger Malerei nicht unbeteiligt ist.

Abb. 84. Adriaen van de Velde. Das Stadttor.
1653. Radierung.

www.ingramcontent.com/pod-product-compliance
Lightning Source LLC
Chambersburg PA
CBHW021713230426
43668CB00008B/824